님께

주님이 주시는
벅찬 기쁨이 늘 함께하는
가정이 되기를
기도하는 마음으로 드립니다.

년 월 일

드림

December 12/31

예수 그리스도는
어제나 오늘이나
영원토록 동일하시니라 – 히 13:8

Jesus Christ is the same yesterday and today and forever. (Heb 13:8)

* 대문을 열어라

시카고의 한 교도소에서 크리스마스를 맞았다. 소장은 죄수들에게 어떤 선물을 받고 싶은지 물었다. 죄수들은 서로 속삭이더니 일제히 "대문을 열어라!"하고 외쳤다. 예수께서는 무덤 문을 열어 우리에게 희망을 보여주셨다. 그리고 문밖에 서서 노크를 하고 계신다. 이제는 욕심과 이기심으로 인해 닫혀진 나의 문을 활짝 열어젖히자.

December 12/29

너희 믿음의 확실함은 불로 연단하여도 없어질 금보다 더 귀하여 예수 그리스도께서 나타나실 때에 칭찬과 영광과 존귀를 얻게 할 것이니라 – 벧전 1:7

These have come so that your faith--of greater worth than gold, which perishes even though refined by fire--may be proved genuine and may result in praise, glory and honor when Jesus Christ is revealed. (1Pe 1:7)

★ '밝은 삶'은 마음먹기 나름

전쟁터에서 한 병사가 포탄 파편에 맞아 다리 한 쪽을 잃었다. 그는 처음에 낙담했지만 갈수록 밝아지기 시작했다. 이것을 지켜보던 동료가 "자넨 다리를 잃고도 밝게 사는군. 그 이유가 뭔가?"라고 물었다. 병사는 대답했다. "다리를 잃은 것이 아니라 나라를 위해 바쳤다는 것을 깨달은 뒤부터 내 인생은 변화되었다네."

마음이 달라지면 인생이 달라진다.

January 1/1

> 그런즉 누구든지 그리스도 안에 있으면 새로운 피조물이라 이전 것은 지나갔으니 보라 새 것이 되었도다 – 고후 5:17

Therefore, if anyone is in Christ, he is a new creation; the old has gone, the new has come! (2Co 5:17)

* 시작 전의 다짐

미국의 유명한 서커스 출연자인 서스톤은 공연 전 무대 옆에서 "나는 이 관객들을 사랑한다. 나는 최선을 다해 무대 위에 서겠다. 그러면 그들도 환호할 것이다. 관객들은 나를 사랑하며 나도 이 일을 사랑한다."라고 스스로 다짐하곤 했다.

이것이 서스톤의 성공비결이었다. 우리도 하루를 시작하기 전 스스로에게 이렇게 말해보는 것도 좋을 듯싶다. "나는 오늘을 사랑한다. 나는 최선을 다해 오늘을 살겠다. 나는 하나님과 이웃을 위해 오늘이라는 무대에 서겠다. 그러면 좋은 일이 있을 것이다. 나는 사람들에게 사랑받고 있다."

December 12/30

우리 주 예수 그리스도를
변함 없이 사랑하는 모든 자에게
은혜가 있을지어다 – 엡 6:24

Grace to all who love our Lord Jesus Christ with an undying love.
(Eph 6:24)

★ 우리 편을 저버리는 우(愚)

링컨이 대통령 재직 시 남북전쟁이 일어나 미국은 혼란에 빠졌다. 전쟁이 치열할 때 참모진이 링컨에게 "염려하지 마세요. 전쟁 동안 하나님께서 우리 편에 계실 겁니다."라고 말했다. 그 때 링컨은 대답했다. "내가 염려하는 것은 하나님께서 우리 편에 계시지 않음이 아니라 우리가 하나님 편에 있지 아니한가 하는 점이오."

약속의 말씀 (개역개정판)

초 판 1쇄 2000년 11월 05일
개정판 10쇄 2024년 07월 25일

발행인   황성연
발행처   도서출판 청우
주문처   열린유통
등록번호 제8-63호
주소   경기도 파주시 광탄면 혜음로883번길 39-32

전화   031)947-7777
팩스   0505)365-0691

ISBN   978-89-85580-27-4
잘못된 책은 서점에서 바꾸어 드립니다.

January 1/6

하나님은 우리의 피난처시요
힘이시니
환난 중에 만날 큰 도움이시라 – 시 46:1

God is our refuge and strength, an ever-present help in trouble. (Ps 46:1)

★ 인생의 창문

어떤 성도가 목회자를 찾아가 하소연했다. "하나님은 도무지 제 사정을 모르십니다. 제 인생의 문은 모두 닫혔습니다. 하나님께서 제 사정을 아신다면 어떻게 모든 문을 닫히게 하십니까?" 그러자 목회자는 이렇게 말하며 용기를 주었다. "이탈리아 속담에 '하나님은 문을 닫으시되 창문은 열어 두신다'라는 말이 있습니다. 형제님, 닫힌 문만 바라보며 절망하지 말고 창문을 유심히 살펴보세요."

December 12/24

아들을 낳으리니 이름을 예수라 하라 이는 그가 자기 백성을 그들의 죄에서 구원할 자이심이라 하니라 – 마 1:21

She will give birth to a son, and you are to give him the name Jesus, because he will save his people from their sins. (Mt 1:21)

★ 구유에 나신 하나님

프랑스의 유명한 설교가 라메네 신부는 빈민굴을 찾아가 명 설교를 남겼다. 제목은 '하나님이 붙잡을 수 있는 한 구석은 남아 있다'였다. 아무리 죄인이고 쓸모없는 자라도 하나님은 우리에게 이 어두운 사회 속에서 희망을 찾을 수 있는 한 구석은 남기셨다는 것이다. 이 소망의 한 구석 끝까지 찾아오신 구유에 나신 하나님을 기억하자.

January 1/7

두려워하지 말라 내가 너와 함께 함이라 놀라지 말라 나는 네 하나님이 됨이라 내가 너를 굳세게 하리라 참으로 너를 도와 주리라 참으로 나의 의로운 오른손으로 너를 붙들리라 – 사 41:10

So do not fear, for I am with you; do not be dismayed, for I am your God. I will strengthen you and help you; I will uphold you with my righteous right hand. (Is 41:10)

* 두려움 없는 삶

어떤 사람이 공동묘지를 넘어 막 마을로 가려다가 너무나 밝은 얼굴로 뛰어노는 꼬마를 만났다.

"공동묘지 근처인데 너는 무섭지 않니?" 이렇게 묻자 꼬마는 "아뇨."라고 하면서 오히려 이상하다는 듯 쳐다봤다.

"왜 무섭지 않지?" 다시 묻자 꼬마는 활짝 웃으며 말했다. "우리 아빠가 이 묘지 관리인이거든요."

하나님을 인생의 주인으로 삼는 사람은 어떤 상황에서도 두려워하지 않는다.

December 12/23

> 진실로 다시 너희에게 이르노니
> 너희 중의 두 사람이 땅에서 합심하여
> 무엇이든지 구하면 하늘에 계신
> 내 아버지께서 그들을 위하여 이루게
> 하시리라 – 마 18:19
>
> Again, I tell you that if two of you on earth agree about anything you ask for, it will be done for you by my Father in heaven. (Mt 18:19)

★ 링컨의 기도

미국의 명배우 토머스 에드워드 머독은 링컨 당시에 초청을 받고 대통령 숙소에서 하루를 보냈다. 한밤중에 머독은 절제된 절규를 듣고 가보니 기도하는 링컨의 모습이 보였다. 머독은 그 때 확신했다. 지도자가 기도하는 한 나라는 굳건하다는 것을.

January 1/8

그런즉 너희는 먼저 그의 나라와 그의 의를 구하라 그리하면 이 모든 것을 너희에게 더하시리라 – 마 6:33

But seek first his kingdom and his righteousness, and all these things will be given to you as well. (Mt 6:33)

* 환자를 위해 일하라

의사로서 큰 성공을 거둔 A.J.크로닌의 이야기. 의과대학을 졸업한 후 병원을 개업한 크로닌은 큰돈을 벌기 원했다. 그런데 크로닌이 아무리 노력해도 환자가 잘 찾아오지 않아 병원은 썰렁했고, 돈과는 거리가 멀어 보였다. 고심하던 크로닌은 인간적인 방법을 포기하고 하나님을 찾았다. 그러자 하나님께서 크로닌의 마음에 이런 음성을 들려 주셨다. "크로닌아! 네가 재물을 위해 일하는구나. 그러지 말고 나를 위해 일하고 환자의 생명과 건강을 위해 일하려무나." 크로닌은 그 자리에서 회개하고 일체의 욕심을 버리고 하나님과 환자를 위해 일했다. 그러자 소문난 병원이 되어 자석에 쇠붙이 붙듯 큰 재물이 들어오게 되었다.

December 12/22

너는 말씀을 전파하라 때를 얻든지 못 얻든지 항상 힘쓰라 범사에 오래 참음과 가르침으로 경책하며 경계하며 권하라 – 딤후4:2

Preach the Word; be prepared in season and out of season; correct, rebuke and encourage--with great patience and careful instruction. (2Ti 4:2)

★ 가까운 천국

영국의 문호 루이스는 절친한 친구가 세상을 떠나자 이렇게 말했다. "이제 천국이 가까워졌다. 내 친구가 있으니 얼마나 가까운 곳인가?" 그 후 1년도 못 되어 그의 아내가 사망했다. 루이스 씨는 일기에 이렇게 적었다. "이제 천국은 내 집처럼 가깝다. 아내와 친구가 있으니 그곳이 바로 내 집이 아닌가!"

January 1/9

네 평생에 너를 능히 대적할 자가 없으리니 내가 모세와 함께 있었던 것 같이 너와 함께 있을 것임이니라 내가 너를 떠나지 아니하며 버리지 아니하리니 – 수 1:5

No one will be able to stand up against you all the days of your life. As I was with Moses, so I will be with you; I will never leave you nor forsake you. (Jos 1:5)

★ 인생의 영원한 동반자

어떤 사람이 꿈을 꾸었다. 수평선이 보이는 모래밭 위를 걷는 꿈이었다. 긴 모래 같은 자신의 일생을 보여주고 있었다. 모래 위에는 두 사람의 발자국이 보였다. 하나는 자신의 것, 또 하나는 늘 동행하신 예수 그리스도의 것이었다. 그런데 그가 일생을 통해 극심한 고통을 당했을 때마다 모래 위에는 한 사람의 발자국밖에 없었다. "저와 늘 함께 하신다고 하셨잖아요."라고 그가 물었을 때 예수 그리스도께서는 이렇게 말씀하셨다. "그것은 내 발자국이다. 네가 고통 가운데 있었을 때는 내가 너를 업고 지나왔단다."

December 12/21

나의 괴로운 날에 주의 얼굴을 내게서 숨기지 마소서 주의 귀를 내게 기울이사 내가 부르짖는 날에 속히 내게 응답하소서 – 시 102:2

Do not hide your face from me when I am in distress. Turn your ear to me; when I call, answer me quickly. (Ps 102:2)

★ 진리를 따라

간디가 영국의 압제에 저항하는 평화행진을 계획하고 선두에 섰을 때 어떤 기자가 물었다. "당신은 성공할 희망이 1%도 보이지 않는데 왜 행진을 합니까?" 간디는 미소를 띠며 대답했다. "반드시 성공할 날이 옵니다. 진리가 우리 편인데, 진리가 졌다는 역사를 보았습니까?"

January 1/10

아무 것도 염려하지 말고 다만 모든 일에 기도와 간구로, 너희 구할 것을 감사함으로 하나님께 아뢰라 – 빌 4:6

Do not be anxious about anything, but in everything, by prayer and petition, with thanksgiving, present your requests to God. (Php 4:6)

★ 믿고 간절히 기도하자

미국에 경제공황이 휘몰아칠 때 캐서린이란 소녀가 대학진학 문제로 고심했다. 그때 캐서린의 어머니가 "얘야, 환경을 초월하시는 하나님을 믿자. 예수님께서 요한복음 14장 14절에 '내 이름으로 무엇이든지 내게 구하면 내가 시행하리라' 고 하셨잖니? 이 약속의 말씀이 학자금 문제로 고민하는 우리 가정에 이루어질 것으로 믿고 기도하자."라고 한 후 간절히 기도해 주었다. 그 후 얼마 안 되어 캐서린의 어머니는 '주(州)의 역사'를 기록해 달라는 원고 청탁을 받았고 그 원고료로 캐서린은 대학에 입학하여 피터라는 청년을 만나 결혼했는데, 이 청년은 후에 미국의 유명한 설교가인 피터 마셜 목사가 되었다. 하나님께서는 당신의 뜻을 믿고 간절히 기도하는 크리스천의 기도를 들어주신다.

December 12/20

> 믿음의 선한 싸움을 싸우라 영생을 취하라 이를 위하여 네가 부르심을 받았고 많은 증인 앞에서 선한 증언을 하였도다 – 딤전 6:12

Fight the good fight of the faith. Take hold of the eternal life to which you were called when you made your good confession in the presence of many witnesses. (1Ti 6:12)

✱ 무관심의 비극

마르틴 루터의 설교집에는 이런 예화가 있다. 마귀들이 '복음파괴 공작사례 발표'에 대한 연석회의를 가졌다. "나는 맹수로 하여금 크리스천들을 사막에서 물어뜯어 죽게 했습니다." 또한 마귀도 자신에 찬 어조로 말했다. "나는 바다에 돌풍을 일으켜 크리스천들이 바다에 빠져 죽게 했습니다." 세 번째 마귀가 일어나 말했다. "나는 한 사나이가 십년 동안 심령과 영생에 관심을 기울이지 못하도록 노력했습니다." 첫 번째와 두 번째 공작은 완전 실패, 그들은 모두 구원받았고 복음의 증거가 되었다. 그러나 세 번째는 대성공. "세 번째 사례대로 인간을 공략하라."

심령과 영생의 무관심은 파멸이다.

January 1/11

하나님은 사람이 아니시니 거짓말을 하지 않으시고 인생이 아니시니 후회가 없으시도다 어찌 그 말씀하신 바를 행하지 않으시며 하신 말씀을 실행하지 않으시랴 – 민 23:19

God is not a man, that he should lie, nor a son of man, that he should change his mind. Does he speak and then not act? Does he promise and not fulfill? (Num 23:19)

* 경고를 무시한 비극

1912년 세계 최대의 해난사고가 일어나 513명의 승객과 승무원이 사망했다. 사고 배는 영국의 최대 호화 유람선인 타이타닉 호. 이 배는 빙산과 충돌했는데 침몰하기 전 경고 전문을 육지로부터 다섯 번이나 받았다. "빙산을 조심하시오!"라고 마지막 여섯 번째 경고 전문이 왔을 때 무전사는 귀찮다는 듯이 이렇게 타전했다. "조용히 해. 나는 바쁘단 말야." 그리고 정확히 35분 뒤 "하나님께서도 이 배를 가라앉게 할 수 없다."라고 큰소리쳤던 그 배는 빙산과 충돌, 물속에 가라앉고 말았다. 하나님께서는 '파멸의 빙산'에 부딪치니 제발 '타락의 항해'를 그만하라고 현대인에게 경고하시지만, 현대인들은 귀찮다고 응답하며 계속 죄와 탐욕의 바다로 나간다. 그리고 파멸을 당하는 사람이 얼마나 많은지….

December 12/19

너희를 박해하는 자를 축복하라
축복하고 저주하지 말라
즐거워하는 자들과 함께 즐거워하고
우는 자들과 함께 울라 – 롬 12:14~15

Bless those who persecute you; bless and do not curse. Rejoice with those who rejoice; mourn with those who mourn. (Ro 12:14~15)

★ 격려의 말

소설 〈아이반호〉로 유명한 영국의 계관시인 월터스콧은 어린 시절 '멍청한 아이'로 놀림을 받았다. 그는 열등생들이 쓰는 종이 모자를 쓰고 교실 한구석에서 침울하게 지냈다. 그러나 스콧은 문학에 관심이 있어 좋은 시를 보면 열심히 외웠다. 그가 열세 살쯤 되었을 때 유명한 문필가 모임에 참석했는데 여기서 그의 운명이 변했다. 당시 유명한 시인이었던 로버트 번즈가 우연히 스콧의 시 암송을 듣고는 "꼬마야, 너는 언젠가 영국의 위대한 인물이 될 거다."라고 칭찬했다. 번즈의 칭찬을 받은 이 '열등생'은 그 때부터 용기와 꿈을 가지고 인생을 개척, 1800년대에는 영국이 자랑하는 위대한 시인, 소설과, 법관으로 명성을 날렸다. 용기를 북돋워 주는 말은 한 인격을 변화시킨다.

January 1/12

그러므로 형제들아 내가 하나님의 모든 자비하심으로 너희를 권하노니 너희 몸을 하나님이 기뻐하시는 거룩한 산 제물로 드리라 이는 너희가 드릴 영적 예배니라 - 롬 12:1

Therefore, I urge you, brothers, in view of God's mercy, to offer your bodies as living sacrifices, holy and pleasing to God--this is your spiritual act of worship. (Ro 12:1)

★ 순결한 삶

테니슨은 그의 작품 〈왕의 전원시〉에서 기사의 서약을 제시했다. "삶은 순결하게, 말은 진실하게, 잘못된 것은 바로 잡고, 왕을 따른다. 그렇지 않으면 왜 태어났는가?" 이것은 크리스천을 위한 좋은 좌우명이 아닌가 한다. 크리스천은 순결한 삶을 살아야 한다. 순결한 삶이란 거룩한 삶을 의미한다. 크리스천은 진리를 말해야 하며, 또한 잘못된 상황을 바로 잡기 위해 반드시 애써야 한다. 무엇보다도 크리스천은 왕을 따라야 하는데 그분은 믿음의 주요, 온전케 하시는 분인 우리 주 예수 그리스도이시다.

December 12/18

> 이르되 주 예수를 믿으라
> 그리하면 너와 네 집이
> 구원을 받으리라 하고 – 행 16:31

They replied, "Believe in the Lord Jesus, and you will be saved--you and your household." (Ac 16:31)

★ 교만으로부터의 해탈

단테의 '신곡'에서 주인공은 무겁고 고달픈 마음상태에서 천사를 만나게 된다. 천사가 날개로 이마에 붙어있던 교만의 표시를 씻어 주자 온 몸이 가벼워졌다는 이야기가 나온다. 단테는 인간적 교만으로부터의 해탈이 구원이라고 보았다.

January 1/13

하나님이여
내 속에 정한 마음을 창조하시고
내 안에 정직한 영을 새롭게 하소서

– 시 51:10

Create in me a pure heart, O God, and renew a steadfast spirit within me.
(Ps 51:10)

★ 양심의 차이

'정치불신'을 외친 30대가 서울의 한 호텔에서 370여만 원을 시청 광장 쪽으로 뿌린 사건이 있었다. 그러자 사람들이 뿌린 돈을 주우려고 몰려드는 바람에 광장 일대는 1시간 동안 대혼란을 빚었다. 이날 경찰이 수거한 돈은 8만원, 나머지는 행인들이 다 주워갔다.
1977년 7월, 미국 필라델피아에서도 이와 비슷한 경우가 있었다. 한 은행의 현찰 수송 차량의 뒷문이 고장으로 열리면서 지폐를 담은 부대가 터져 25만 달러가량이 쏟아져 나와 흩어졌는데 회수율은 97퍼센트였다.

December 12/17

나는 그니 나는 처음이요 또 나는 마지막이라 과연 내 손이 땅의 기초를 정하였고 내 오른손이 하늘을 폈나니 내가 그들을 부르면 그것들이 일제히 서느니라 – 사 48:12~13

I am he; I am the first and I am the last. My own hand laid the foundations of the earth, and my right hand spread out the heavens; when I summon them, they all stand up together. (Is 48:12~13)

* 하나님

하나님은 처음이시며 또한 마지막이시다. 그분이 우리를 지키시며 인도하신다.
모세는 불타는 떨기나무 앞에서, 야곱은 꿈에서 하나님을 보았다. 예수는 아버지나 어린 아이의 모습에서 하나님을 보셨다. 지금이 바로 하나님을 만날 때이다.

January 1/14

그러므로 무엇이든지
남에게 대접을 받고자 하는 대로
너희도 남을 대접하라
이것이 율법이요 선지자니라 – 마 7:12

So in everything, do to others what you would have them do to you, for this sums up the Law and the Prophets. (Mt 7:12)

★ 돈 쓰기 전에…

1700년대 후반의 영국. 산업화의 물결이 휘몰아치면서 향락과 사치, 도덕적인 타락이 영국을 병들게 했다. 언제나 그렇지만 그때도 사람들의 빗나간 재물 관리가 병리현상을 심화시켰다. 그 때 요한 웨슬리가 영적 각성운동을 크게 펼쳐 영국을 변화시켰다.
그의 '재물관리 청지기론'의 요지는 다음과 같다.
"돈을 쓸 때 하나님의 청지기 된 나의 도덕에 어긋남이 있지 아니한가를 살피고, 돈 쓰는 일이 하나님 보시기에 합당한가를 파악하고, 이 돈의 사용이 훗날 하나님의 상을 받을 만한가를 생각해야 한다."

December 12/16

하나님을 사랑하는 것은 이것이니
우리가 그의 계명들을 지키는 것이라
그의 계명들은 무거운 것이 아니로다

– 요일 5:3

This is love for God: to obey his commands. And his commands are not burdensome. (1Jn 5:3)

★ 게으른 의사와 가방

자기 점검에 게으른 의사가 있었다. 어느 날 이웃에 사는 한 부인이 위급하다는 연락을 받고 왕진가방을 들고 뛰어갔다. 환자의 방에 들어간 의사는 조금 후 급히 나와 주인에게 송곳을 빌려달라고 하였다. 주인은 시키는 대로 했다. 조금 후 의사는 큰 목소리로 "끌과 망치를!"하고 소리쳤다. 높아가는 아내의 신음을 듣다 못한 주인은 의사에게 "도대체 무슨 병입니까?"라고 물었다. 그러자 의사가 대답했다. "아직 모르겠소. 왕진가방이 열려야 알겠는데 가방이 열리지 않으니 알 수가 없소. 빨리 끌과 망치를 빌려 주시오!"
평소 기도의 가방, 예배의 가방을 점검하지 않는 신앙인은 위급할 때 더 난처해진다.

January 1/15

그런즉 너희가 먹든지 마시든지
무엇을 하든지
다 하나님의 영광을 위하여 하라

– 고전 10:31

So whether you eat or drink or whatever you do, do it all for the glory of God. (1Co 10:31)

★ 작은 보답

가장 활발한 나이인 20대에 교통사고를 당해 한 쪽 눈을 잃었다면 자신의 처지를 얼마나 비관하며 살 것인가. 그런데 지난 93년 창원 공단에서 일하던 강성진 씨는 오토바이를 타고 가다 신호를 무시하고 달리던 승용차에 치여 한쪽 눈을 잃었으나 오히려 '살아난 것이 그저 감사해' 신장 기증을 약속, 3년 뒤인 96년 얼굴도 모르는 신부전증 환자에게 한쪽 신장을 내 주었고 수술은 성공했다. 강 씨는 말한다. "죽을 뻔한 목숨을 살려주신 하나님의 은혜에 조금이라도 보답하고 싶었다."

December 12/15

> 낮은 형제는 자기의 높음을 자랑하고 부한 자는 자기의 낮아짐을 자랑할지니 이는 그가 풀의 꽃과 같이 지나감이라 – 약 1:9~10

The brother in humble circumstances ought to take pride in his high position. But the one who is rich should take pride in his low position, because he will pass away like a wild flower. (Jas 1:9~10)

* 위대한 발견과 인간의 오류

앞날을 내다보지 못하는 인간의 단점은 얼마나 어리석은가. 원자로 등 원자력의 이용에 필요한 핵 원료이며 라듐의 모체가 되는 우라늄에 대해 1945년판 영어 사전은 이렇게 정의함으로써 큰 오류를 범하고 있다. "아무 쓸데없는 희고 무거운 금속."

그러나 시대가 바뀌어 과학자들은 우라늄이야말로 원자핵 분열을 일으켜 막대한 에너지를 방출하는 핵 원료이며, 이 발견은 인류 최대의 발견이라고 말한다.

January 1/16

예수께서 이르시되
내가 곧 길이요 진리요 생명이니
나로 말미암지 않고는 아버지께로
올 자가 없느니라 - 요 14:6

Jesus answered, "I am the way and the truth and the life. No one comes to the Father except through me. (Jn 14:6)

★ 영원한 행복

미국의 프란체스코 선교회에서 만든 전도지에는 '나는 너의 하나님이라'는 제목으로 다음과 같은 글이 담겨져 있다.

"나는 길이니 나를 따르면 안전하리라. 나는 진리니 믿을 수 있을 것이며 나는 생명이니 풍성한 삶을 얻을 것이라. 나는 빛이니 일생을 지켜 줄 것이며 나는 목자니 쉴 만한 물가로 인도하리라. 나는 전능자니 모든 창조물들을 다스릴 것이며 너를 지은 자니 변치 않고 사랑하리라. 나는 친구니 너를 영원히 잊지 않을 것이다. 내 말을 지키고 순종하면 영원한 행복을 누리리라."

December 12/14

긍휼을 행하지 아니하는 자에게는
긍휼 없는 심판이 있으리라
긍휼은 심판을 이기고 자랑하느니라

– 약 2:13

Because judgment without mercy will be shown to anyone who has not been merciful. Mercy triumphs over judgment! (Jas 2:13)

★ 신경쇠약증 최선의 처방

한 사람이 정신과 의사에게 물었다. "신경쇠약증에 걸리면 어떤 처방을 내리시나요?" 의사는 대답했다. "문을 잠그고 나가서 주위에 곤경에 빠져있는 사람을 찾아가 도움을 베푸십시오. 이게 나의 처방입니다."

January 1/17

우리를 구원하시되 우리가 행한 바
의로운 행위로 말미암지 아니하고
오직 그의 긍휼하심을 따라
중생의 씻음과 성령의 새롭게 하심으로
하셨나니 – 딛 3:5

He saved us, not because of righteous things we had done, but because of his mercy. He saved us through the washing of rebirth and renewal by the Holy Spirit (Tit 3:5)

* 나약한 인간

영국 BBC가 방영, 6천만 명 이상이 시청했던 자연 다큐멘터리 '식물의 사생활'은 창조 섭리의 오묘함과 더불어 식물의 생존 투쟁을 보여준 프로였다. '좁은 잎 페란초'는 벽을 타고 올라가다 적당한 장소에 씨앗을 심는다. 빗방울의 힘을 이용해 씨앗을 터뜨리는 '목도시 흙밤버섯'도 있다. 그런가하면 사막의 어떤 식물은 완전히 말라 죽은 뒤 수백 개의 씨를 뿌리는데, 그 씨들은 20년 후에도 적당한 조건이 되면 발아한다고 한다. 어쩌면 가장 쉽게 절망하고 포기하는 피조물은 인간일지 모르겠다.

December 12/13

근심하는 자 같으나 항상 기뻐하고 가난한 자 같으나 많은 사람을 부요하게 하고 아무 것도 없는 자 같으나 모든 것을 가진 자로다 – 고후 6:10

Sorrowful, yet always rejoicing; poor, yet making many rich; having nothing, and yet possessing everything. (2Co 6:10)

★ 작지만 소중한 '물과 말'

경이로운 기적의 생환이 삼풍백화점 붕괴 참사현장에서 일어났었다. 실종 11일 만에 극적으로 구조된 신세대 최명석군의 '인간승리 드라마'는 우리 모두에게 희망의 고귀함과 생명의 끈질김을 보여주었다. 우리는 이 '기적의 생환'에서 '작지만 소중한 것'을 발견한다.

첫째는 늘 우리가 무심코 마시는 '물'이다. 평소에 물을 마실 수 있다는 것이 얼마나 고마운 일인가. 둘째는 '말'이다. 최군은 구조된 후 기자에게 "말하고 싶었다."라고 '말'했다. 주위 사람들과 말하는 고마움도 생각해 볼 일이다.

January 1/18

내가 진실로 진실로 너희에게 이르노니 한 알의 밀이 땅에 떨어져 죽지 아니하면 한 알 그대로 있고 죽으면 많은 열매를 맺느니라 – 요 12:24

I tell you the truth, unless a kernel of wheat falls to the ground and dies, it remains only a single seed. But if it dies, it produces many seeds. (Jn 12:24)

* 한 알의 밀알

모리슨은 영국인으로 중국에 복음을 전한 첫 개신교 목사였다. 1807년 그가 중국 선교를 위해 배를 탔을 때 선장은 불안한 어조로 그에게 "당신이 정말 중국에 영향을 미칠 수 있다고 생각합니까?"라고 물었다.

"아닙니다. 제가 어떻게 중국에 영향을 미치겠습니까? 그렇지만 하나님께서는 하실 것입니다." 모리슨은 확신에 찬 어조로 이렇게 대답했다.

1834년 그가 죽었을 때 중국의 크리스천 숫자는 12명 정도였다. 그러나 1세기가 지난 후 약 3백만의 신자로 늘어났다.

December 12/12

그의 성호를 자랑하라
여호와를 구하는 자마다
마음이 즐거울지로다 – 대상 16:10

Glory in his holy name; let the hearts of those who seek the LORD rejoice. (1Ch 16:10)

★ 기쁨의 여유

작곡가 하이든은 그가 작곡한 교회 음악들이 모두 기쁨에 차 있는 이유가 무엇이냐는 질문을 받고 대답했다. "그럴 수밖에 없어요. 주님이 내 가슴을 뛰게 하시는데 내 음악이 기쁨에 뛰지 않을 수 있겠어요? 하나님께서 나를 불러 주셨는데 어떻게 슬픈 음악이 나오겠습니까?"

January 1/19

> 너희가 내게 부르짖으며 내게 와서 기도하면 내가 너희들의 기도를 들을 것이요 너희가 온 마음으로 나를 구하면 나를 찾을 것이요 나를 만나리라 – 렘 29:12~13
>
> Then you will call upon me and come and pray to me, and I will listen to you. You will seek me and find me when you seek me with all your heart.
> (Jer 29:12~13)

* 기도하는 삶

기도는 하나님의 긍휼을 여는 열쇠이며, 사탄의 침입을 막는 자물쇠이다. 함께 기도하는 가정이야말로 모든 것을 함께 하는 가정이다. 그러나 이를 잘 아는 사탄은 사람들에게서 기도를 빼앗아간다.

새뮤얼 차드위크는 "사탄의 한 가지 관심은 사람들이 기도하지 못하게 하는 것이다. 악마는 기도 없는 성경공부, 기도 없는 봉사, 기도 없는 종교의식에 안심한다. 악마는 우리의 수고를 비웃고 우리의 지혜를 조소하지만 우리가 기도할 때 떤다."라고 말했다.

December 12/11

너는 뇌물을 받지 말라
뇌물은 밝은 자의 눈을 어둡게 하고
의로운 자의 말을 굽게 하느니라 – 출 23:8

Do not accept a bribe, for a bribe blinds those who see and twists the words of the righteous. (Ex 23:8)

★ 안 받는 이유

조선 때 청빈 생활을 하던 한 대감의 이야기. '높은 자리'에 있던 이 대감이 생선을 무척 좋아한다는 것을 알고 평소 친분이 있던 사람이 '뇌물성 생선'을 갖다 바쳤다. 그러나 대감은 단호하게 거절했다. "아니, 생선을 좋아하시는 분이 왜 사양하십니까?" 그 사람이 웃으며 말하자 대감은 굳은 얼굴로 대답했다. "바로 그것이오. 내가 생선을 좋아하기 때문에 안 받는 것이오. 내가 뇌물을 받으면 이 자리에서 물러나야 할 텐데 그러면 무슨 돈을 가지고 좋아하는 생선을 사 먹을 수 있겠소."

January 1/20

우리가 살아도 주를 위하여 살고 죽어도 주를 위하여 죽나니 그러므로 사나 죽으나 우리가 주의 것이로다 – 롬 14:8

If we live, we live to the Lord; and if we die, we die to the Lord. So, whether we live or die, we belong to the Lord. (Ro 14:8)

* 원칙을 지킨 신앙인

에릭 리델은 1920년대 세계적으로 알려진 육상선수다. 〈불의 전차〉는 그의 전기를 영화화한 것으로 1982년 아카데미 작품상을 받았다. 독실한 크리스천인 그는 1924년 올림픽 결승전이 주일이어서 경기를 포기하고 예배를 드렸다.

그는 평생을 중국 선교에 힘쓰다가 중국 현지에서 생을 마쳤는데 영화 〈불의 전차〉의 마지막 장면에 이런 말이 나온다.

"그는 위대한 지도자나 사상가는 아니지만 신앙의 원칙을 지킨 사람이었다. 그는 인생에서 무엇을 해야 할 지 분명히 알고 산 사람이다."

December 12/10

모든 성경은 하나님의 감동으로 된 것으로 교훈과 책망과 바르게 함과 의로 교육하기에 유익하니 – 딤후 3:16

All Scripture is God-breathed and is useful for teaching, rebuking, correcting and training in righteousness. (2Ti 3:16)

* 보다 나은 삶으로 가는 길

독립선언서의 초안을 작성한 제퍼슨은 이런 말을 남겼다. "복음서는 인간에게 주어진 가장 유익한 도덕률이며, 성경 공부는 우리를 보다 좋은 시민, 아버지, 남편으로 만든다."

January 1/21

손을 게으르게 놀리는 자는 가난하게 되고 손이 부지런한 자는 부하게 되느니라 – 잠 10:4

Lazy hands make a man poor, but diligent hands bring wealth. (Prov 10:4)

＊ 게으름의 독

조금만 더 적극적으로 생활한다면 환경이 달라지는 것을 느낄 것이다. 게으름은 인생을 부식시키는 독소다. 톨스토이는 말했다. "게으른 자의 머릿속은 악마가 집을 짓기에 알맞은 장소"라고.

어떤 게으른 사람이 생활에 민첩성을 보이지 못하고 늘 퇴보하자 그의 아내가 목회자와 상담했다. 목회자는 다음 글을 거울에 붙이게 했고, 그 부부는 효과를 톡톡히 보았다. "누가 해도 할 일이면 내가 하자. 언제 해도 할 일이면 지금 하자. 지금 할 일이면 더 잘하자. 주께서 도와주신다."

December 12/9

내가 긍휼을 입은 까닭은 예수 그리스도께서 내게 먼저 일체 오래 참으심을 보이사 후에 주를 믿어 영생 얻는 자들에게 본이 되게 하려 하심이라 – 딤전1:16

But for that very reason I was shown mercy so that in me, the worst of sinners, Christ Jesus might display his unlimited patience as an example for those who would believe on him and receive eternal life. (1Ti 1:16)

* 도둑을 손님으로 만드는 법

아동문학가 방정환 선생 집에 강도가 들었다. 방정환은 돈을 가지고 나가는 강도에게 "고맙다고 해야지 그냥 가나?"라고 말했다. 고맙다고 하면서 달아난 강도는 조금 후 경찰에 잡혀 끌려왔다. 방정환은 순경에게 "그 사람은 강도가 아니라 내가 돈을 주어 고맙다고 인사하고 간 손님이니 풀어 달라."고 한 후 평생 함께 생활했다.

January 1/22

아무 일에든지 다툼이나 허영으로 하지 말고 오직 겸손한 마음으로 각각 자기보다 남을 낫게 여기고 – 빌 2:3

Do nothing out of selfish ambition or vain conceit, but in humility consider others better than yourselves. (Php 2:3)

★ 겸손은 은총의 보금자리

"겸손이란 마음의 고요함이다. 그것은 탐욕이 없는 상태이며 자신에게 일어난 어떤 일에도 놀라지 않는 것이다. 또한 해로운 일에 과민반응하지 않는 것이며 칭찬을 받거나 멸시를 받아도 동요하지 않는 것이다. 그것은 세상 살아가는 일이 참으로 어렵고 고통스러울 때 조용히 하나님 앞에 무릎 꿇고 기도함으로써 침묵의 바다와도 같은 평화를 얻을 수 있는 마음이다. 사람이 겸손한 마음을 갖는다는 것은 은총의 보금자리에 있다는 뜻이다"

– 앤드류 머레이

December 12/8

사람의 모양으로 나타나사 자기를 낮추시고 죽기까지 복종하셨으니 곧 십자가에 죽으심이라 이러므로 하나님이 그를 지극히 높여 모든 이름 위에 뛰어난 이름을 주사 – 빌 2:8~9

And being found in appearance as a man, he humbled himself and became obedient to death--even death on a cross! Therefore God exalted him to the highest place and gave him the name that is above every name. (Php 2:8~9)

✱ 도마뱀의 우정

지붕 공사를 하던 중 몸에 못이 박힌 도마뱀 한 마리를 발견하게 되었다. 집주인에게 물었더니 집을 짓던 3년 전에 박은 것이 분명하다고 했다. 3년 동안이나 못이 몸에 박힌 채 죽지 않고 살아 있었다는 사실은 참으로 놀라운 일이라고 모두들 혀를 내둘렀다. 사람들은 공사를 잠시 중단하고 도마뱀을 지켜보기로 하였다. 그랬더니 다른 도마뱀 한 마리가 하루에도 몇 번씩이나 못에 박힌 친구를 위해 먹이를 가져다주는 것이었다.

January 1/23

> 내게 능력 주시는 자 안에서 내가 모든 것을 할 수 있느니라 – 빌 4:13

I can do everything through him who gives me strength. (Php 4:13)

＊ 성공은 태도에 달려 있다

몹시 가난하지만 신앙을 지키며 십일조를 드린 소년이 있었다. 소년은 성실과 신념이 인생의 성공을 가져온다고 믿으며 가난과 싸워 나갔다. 그 결과 30세에 '모빌 런치 서빗 회사'를 설립하게 되었고, 이어 세계적인 도넛 상표를 개발했다.

그가 바로 '던킨 도너츠' 창업주인 로젠버그다. 그는 72세 생일축하연이 열린 자리에서 이렇게 말했다.

"나는 가난과 교육 부재의 환경에서 자랐습니다. 그러나 하나님께서 늘 제 짐을 맡아주셨습니다. 성공은 '지식'에 달려 있지 않고 '태도'에 달려 있다고 믿습니다."

December 12/7

갓난 아기들 같이
순전하고 신령한 젖을 사모하라
이는 그로 말미암아 너희로 구원에
이르도록 자라게 하려 함이라 – 벧전 2:2

Like newborn babies, crave pure spiritual milk, so that by it you may grow up in your salvation. (1Pe 2:2)

★ 몰입과 응답

핼리혜성을 발견한 핼 리가 만유인력을 발견한 뉴턴에게 물었다. "당신은 어떻게 오묘한 이치들을 발견하고 이론으로 정립했습니까?" 뉴턴은 대답했다. "나는 오로지 연구대상만을 바라보고 생각했어요. 그것은 내 인생의 전부였지요. 그러자 그것들은 자연스럽게 답을 들려주었습니다."

January 1/24

그러므로 내 사랑하는 형제들아 견실하며 흔들리지 말고 항상 주의 일에 더욱 힘쓰는 자들이 되라 이는 너희 수고가 주 안에서 헛되지 않은 줄 앎이라 – 고전 15:58

Therefore, my dear brothers, stand firm. Let nothing move you. Always give yourselves fully to the work of the Lord, because you know that your labor in the Lord is not in vain. (1Co 15:58)

★ 52년간의 기도

주님의 충실한 종으로 널리 알려진 조지 뮬러는 자신과 매우 친한 친구 다섯 명의 구원을 위해 기도를 시작했다. 5년 후에 한 명이 주를 영접하고 구원을 받았다. 10년 후에 두 명이 구원을 받고 변화된 생활을 했다. 그는 나머지 두 명을 위해 25년을 기도했다. 25년째 되던 해 네 번째 친구가 구원을 받았다. 또 한 친구를 위해 뮬러는 12년을 기도했다. 12년째 되던 해 뮬러는 숨을 거두고 말았다. 그는 숨을 거두기 직전까지 친구를 위해 기도했다. 뮬러가 죽은 지 수개월 후 나머지 한 명도 주를 영접하고 믿음의 생활을 했다.

December 12/6

> 만일 땅에 있는 우리의 장막 집이 무너지면 하나님께서 지으신 집 곧 손으로 지은 것이 아니요 하늘에 있는 영원한 집이 우리에게 있는 줄 아느니라
>
> – 고후 5:1

Now we know that if the earthly tent we live in is destroyed, we have a building from God, an eternal house in heaven, not built by human hands. (2Co 5:1)

★ 리스트의 숙박 카드

헝가리 작곡가인 리스트가 한 호텔에 묵었을 때 농담을 좋아하는 그는 숙박 카드에 이렇게 적어 놓았다. "직업–음악가, 탄생지–파르나소스, 출발지–방랑의 나라, 행선지–진실의 나라"

우리도 비틀거리던 방랑의 나라에서 진실의 나라로 나가야 할 것이다.

January 1/25

우리가 알거니와 하나님을 사랑하는 자 곧 그의 뜻대로 부르심을 입은 자들에게는 모든 것이 합력하여 선을 이루느니라 – 롬 8:28

And we know that in all things God works for the good of those who love him, who have been called according to his purpose. (Ro 8:28)

★ 맞아줄 분

한 스코틀랜드인 병사가 심한 부상을 당했다. 당장 수술을 해야 했기 때문에 기독교인이었던 군의관이 그에게 말했다. "지금 당장 수술을 해야만 합니다. 그런데 이런 이야기를 할 수밖에 없어서 안됐습니다만 이 수술의 성공 가능성은 1퍼센트입니다. 마지막으로 하고 싶은 말은 없는지요." 이 용감한 병사는 다음과 같이 말했다. "선생님, 걱정하지 마십시오. 당장 수술을 시작하세요. 어떤 결과가 나오든 내 영혼은 만족할 것입니다. 만약 수술이 성공한다면 어머니께서 저를 반가이 맞아주실 것이고, 만약 수술이 실패하면 예수 그리스도께서 저를 반가이 맞아주실 것이기 때문입니다."

December 12/5

그러므로 너희가 그리스도 예수를 주로 받았으니 그 안에서 행하되 그 안에 뿌리를 박으며 세움을 받아 교훈을 받은 대로 믿음에 굳게 서서 감사함을 넘치게 하라 – 골 2:6~7

So then, just as you received Christ Jesus as Lord, continue to live in him, rooted and built up in him, strengthened in the faith as you were taught, and overflowing with thankfulness. (Col 2:6~7)

★ 2인용 자전거

두 친구가 2인용 자전거를 탔다. 언덕길을 오르기가 몹시 힘들었다. 꼭대기에 도착하자 앞에 탄 친구가 "언덕길에서 페달을 밟기란 정말 힘들었어."라고 했다. 뒤에 있던 친구가 말했다. "나도 힘들었어. 뒤로 굴러 내려가지 않도록 계속 브레이크를 밟고 있었거든."

January 1/26

내가 새벽 날개를 치며 바다 끝에 가서 거주할지라도 거기서도 주의 손이 나를 인도하시며 주의 오른손이 나를 붙드시리이다 – 시 139:9~10

If I rise on the wings of the dawn, if I settle on the far side of the sea, even there your hand will guide me, your right hand will hold me fast. (Ps 139:9~10)

* 위를 보아라

많은 순교사화 중 일화. 한 소년과 소년의 어머니가 예수 그리스도를 믿는다는 이유로 화형을 당하게 되었다. 소년과 어머니는 5미터 간격으로 나무토막이 쌓인 기둥에 묶였다. 사형 집행관이 불을 지피기 전 "자, 마지막 기회다. 예수를 구주로 안 믿겠다고 하면 살려 주겠다"고 말했다. 그러나 모자는 똑같이 신앙을 지키겠다고 말했다. 집행관은 저주를 하며 불을 질렀다. 연기가 자욱해지며 불이 일어나자 소년이 "어머니, 연기 때문에 어머니의 얼굴이 잘 안 보여요."라고 소리를 질렀다. 어머니가 말했다. "아들아, 내 얼굴을 보려고 하지 말고 눈을 들어 주님을 보아라." 환난과 핍박의 연기가 자욱해질 때 눈을 들어 주님을 보자.

December 12/4

육에 속한 사람은 하나님의 성령의 일들을 받지 아니하나니 이는 그것들이 그에게는 어리석게 보임이요, 또 그는 그것들을 알 수도 없나니 그러한 일은 영적으로 분별되기 때문이라 – 고전2:14

The man without the Spirit does not accept the things that come from the Spirit of God, for they are foolishness to him, and he cannot understand them, because they are spiritually discerned. (1Co 2:14)

* 두 개의 손잡이

설교가 헨리 비처는 우리가 날마다 두 개의 손잡이를 잡고 살게 되는데 하나는 두려움의 손잡이고 하나는 믿음의 손잡이라고 한다. 두려움의 골방으로 들어갈 것인가 믿음의 손잡이를 열어 용기의 방에 들어갈 것인가는 우리의 선택에 달려 있다.

January 1/27

> 너는 기도할 때에 네 골방에 들어가 문을 닫고 은밀한 중에 계신 네 아버지께 기도하라 은밀한 중에 보시는 네 아버지께서 갚으시리라 – 마 6:6
>
> But when you pray, go into your room, close the door and pray to your Father, who is unseen. Then your Father, who sees what is done in secret, will reward you. (Mt 6:6)

* 회복의 쉼터

몇 사람의 예술인이 모여 인생과 예술에 대해 이야기를 했다. 삶이 피곤하고 창작에 한계를 느낀다고 푸념했다. 그런데 한 사람이 생동감 넘치는 얼굴로 말을 꺼냈다. "지친 생활에서 활기를 찾고 예술적인 영감을 얻는 비결이 내게 있습니다." 모두 그를 주목했을 때 그는 말을 이었다. "우리 집에 있는 작은 골방이 회복의 쉼터지요. 나는 지칠 때면 거기서 기도합니다. 그러면 다시 생기를 얻고 일어나지요. 골방의 기도가 나를 있게 했습니다."
이 사람이 불후의 명곡을 남긴 하이든이다.

December 12/3

나에게 거룩할지어다
이는 나 여호와가 거룩하고 내가 또 너희를 나의 소유로 삼으려고 너희를 만민 중에서 구별하였음이니라 – 레 20:26

You are to be holy to me because I, the LORD, am holy, and I have set you apart from the nations to be my own. (Lev 20:26)

★ 감사할 것들

불평하는 눈으로 세상을 보면 불평할 일 뿐이지만 감사의 눈으로 보면 모든 것이 감사할 것들이다. 우리가 누리는 것들을 당연하게 여기는 것이 아니라 하나님의 은혜로 여기고 감사한다면 그 사람은 날마다 행복하게 살 것이다.

January 1/28

> 무릇 더러운 말은 너희 입 밖에도 내지 말고 오직 덕을 세우는 데 소용되는 대로 선한 말을 하여 듣는 자들에게 은혜를 끼치게 하라 – 엡 4:29

Do not let any unwholesome talk come out of your mouths, but only what is helpful for building others up according to their needs, that it may benefit those who listen. (Eph 4:29)

✱ 말 한마디의 힘

미국의 36대 대통령이었던 린든 존슨은 95kg이 넘는 몸무게로 고민했다. 존슨은 체중감량을 위해 몇 번 노력했으나 실패했다. 그러나 그의 아내로부터 의미 있는 말 한 마디를 듣고 다시 시도하여 성공할 수 있었다.

그의 아내는 "만일 당신이 자신을 조절할 수 없다면 국가도 경영할 수 없을 것"이라고 말했던 것이다. 존슨은 이 말을 마음 깊이 새기고 노력한 결과 80kg까지 뺄 수 있었다.

하루에 의미 있는 말 한마디씩만 듣고 행한다면 인생은 달라질 것이다.

December 12/2

내 이름을 경외하는 너희에게는 공의로운 해가 떠올라서 치료하는 광선을 비추리니 너희가 나가서 외양간에서 나온 송아지 같이 뛰리라 – 말 4:2

But for you who revere my name, the sun of righteousness will rise with healing in its wings. And you will go out and leap like calves released from the stall. (Mal 4:2)

★ 재능은 부여받은 은총

바이올린 연주가 크라이슬러는 어릴 때부터 음악적 재능이 뛰어났다. 그러나 그는 평생 교만하지 않았다. 그는 나의 재능은 하나님께서 주신 은총의 선물이며 내가 음악으로 하나님을 찬양하는 것은 너무나 당연하다고 말하곤 했다.

January 1/29

네 마음을 다하며 목숨을 다하며 힘을 다하며 뜻을 다하여 주 너의 하나님을 사랑하고 또한 네 이웃을 네 자신 같이 사랑하라 하였나이다 – 눅 10:27

He answered: "'Love the Lord your God with all your heart and with all your soul and with all your strength and with all your mind'; and, 'Love your neighbor as yourself.'" (Lk 10:27)

* 두 가지 사랑

톨스토이의 『북두칠성』은 가뭄이 심하던 때에 한 소녀가 병든 어머니에게 물을 구해주는 이야기이다. 소녀는 꿈속에서 노인을 만나 물을 얻고 귀가하던 중 목마른 개와 나그네에게 물을 나누어 주게 되고 표주박이 은과 금으로 변하는 것을 본다. 나중에 어머니에게 그 물을 주었을 때 물은 금강석이 되어 하늘에 올라 북두칠성이 된다. 톨스토이는 말한다. "인간은 사랑에 의해 살고 있다. 그러나 자기에 대한 사랑은 죽음의 시초가 되고 이웃과 하나님에 대한 사랑은 삶의 시초가 된다."

December 12/1

> 내가 사망의 음침한 골짜기로 다닐지라도 해를 두려워하지 않을 것은 주께서 나와 함께 하심이라 주의 지팡이와 막대기가 나를 안위하시나이다 – 시 23:4
>
> Even though I walk through the valley of the shadow of death, I will fear no evil, for you are with me; your rod and your staff, they comfort me. (Ps 23:4)

* 가장 무서운 동물

이 세상에서 가장 무서운 동물은 무엇일까. 어떤 사람은 사자라고 하고 어떤 이는 호랑이, 표범을 꼽는다. 그러나 이런 맹수보다 더 무서운 동물이 있다. 그 동물은 집단에서 소외된 고라니다. 고라니는 사슴과에 속하는 순한 초식동물인데 어쩌다 집단에서 소외되면 그에 따른 반발감으로 무서운 맹수로 돌변, 그 어느 맹수도 두려워하지 않고 돌진하게 된다는 것이다. 소외감은 이처럼 한 인격을 파괴할 만큼 무서운 독소다. 현대인은 여러 가지로 소외당하기 쉽다. 그러나 그리스도 안에 있는 사람은 그 어떤 소외에도 절망하지 않는다. 왜냐하면 영원한 안식처, 영원한 사랑 안에 있기 때문이다.

January 1/30

오직 여호와를 앙망하는 자는 새 힘을 얻으리니 독수리가 날개치며 올라감 같을 것이요 달음박질하여도 곤비하지 아니하겠고 걸어가도 피곤하지 아니하리로다 – 사 40:31

But those who hope in the LORD will renew their strength. They will soar on wings like eagles; they will run and not grow weary, they will walk and not be faint. (Is 41:31)

★ 위대한 삶의 비결

위대한 철학자이며 교육자인 존 듀이는 90번째 생일을 맞았을 때 한 의사로부터 "어떻게 하면 당신처럼 위대한 생애를 영위할 수 있겠습니까?"라는 질문을 받고 "산을 오르게."라고 대답했다. "산에 올라 무엇을 합니까?"라고 의사가 다시 묻자 듀이는 "다시 올라갈 다른 산을 본다네."라고 대답하고는 이런 명언을 덧붙였다. "그러다가 더 이상 오를 흥미가 없어지면 자네는 죽을 날이 가까이 온 거야." 비전이 없으면 삶의 가치가 없다는 말이다.

충만해진 하나님 사랑

로버트 슐러

일전에 들은 레오나르도 다빈치에 관한 어떤 일화를 나는 좋아한다.

일화에 따르자면, 아이들이 그를 방문한 날이었다. 그들 중 한 명이 쌓아놓은 캔버스 위에 넘어졌다.

다빈치는 매우 조용하고 예민한 환경에서 그림을 그리고 있었기 때문에 기분이 상했다. 그는 결국 화를 내며 붓을 내던지고는 당황하여 울고 있는 아이에게 심한 욕설을 퍼부었다. 잠시 후에 혼자 남아 다시 예수님의 얼굴을 그리려고 했지만 그릴 수가 없었다. 그의 창의성은 끝나버렸던 것이다.

그때서야 레오나르도 다빈치는 붓을 내려놓고 마을에서 그 작은 아이를 찾으려고 온 길거리와 골목을 헤매었다.

마침내 아이를 만나게 된 다빈치는 "미안하다. 내가 그렇게 심한 말을 하는 게 아니었어."

그는 아이를 자신의 화실로 데려왔다. 다빈치의 붓 끝을 따라 예수님의 얼굴이 저절로 형상화되는 모습을 보면서 그들은 미소를 지었다.

그 후로 그 예수님의 얼굴은 수많은 사람들에게 영감을 주게 되었다.

『행복한 마음가짐』 중에서

January 1/31

그러므로 이제 그리스도 예수 안에 있는 자에게는 결코 정죄함이 없나니 이는 그리스도 예수 안에 있는 생명의 성령의 법이 죄와 사망의 법에서 너를 해방하였음이라 – 롬 8:1~2

Therefore, there is now no condemnation for those who are in Christ Jesus, because through Christ Jesus the law of the Spirit of life set me free from the law of sin and death. (Ro 8:1~2)

＊ 영원한 생명

바닷가에서 교회의 여름 수련회가 열리고 있었다. 목회자는 참석자들에게 조개껍질을 하나씩 주워오라고 했다. 참석자들은 영문도 모르고 신이 나서 조개껍질을 주워왔다. 조개껍질이 생긴 이유를 목회자가 묻자 참석자들의 대답이 쏟아졌다. 갖가지 대답을 들은 후 목회자는 웃으며 말했다. "생명이 없기 때문입니다. 생명이 없으니 조개껍질은 분리될 수밖에 없고 여기저기 흩어져 쓸모없게 된 것입니다. 그리스도께서 주시는 영원한 생명이 없는 사람도 이와 마찬가지입니다."

November 11/30

하나님의 나라는 볼 수 있게 임하는 것이 아니요 또 여기 있다 저기 있다고도 못하리니 하나님의 나라는 너희 안에 있느니라 - 눅 17:20~21

The kingdom of God does not come with your careful observation, nor will people say, 'Here it is,' or 'There it is,' because the kingdom of God is within you. (Lk 17:20~21)

* 15분간의 천국

어떤 목사가 천국에 관한 설교를 한 다음 날, 한 성도로부터 "천국의 메시지에 은혜를 받았습니다. 그렇지만 천국이 어디 있는지 말씀하시지 않았습니다."라는 말을 듣고 이렇게 대답했다. "형제님을 만나게 되어 다행입니다. 제가 지금 막 저 오두막 언덕에서 왔습니다. 그 너머에 가난한 교우가 열병으로 앓아누워 있습니다. 형제님이 좋은 음식을 갖고 가 시편 23편을 읽어준 후 기도해 준다면 천국이 어디 있는지 아실 겁니다." 다음 날 아침 이 사람이 목사를 찾아와 말했다. "목사님, 천국이 어디 있는지 알았습니다. 목사님 말씀대로 했더니 15분간을 천국에서 지냈습니다." 주를 믿는 사람에게는 사후의 천국이 예비 되어 있지만 이 땅에서도 사랑을 베풀 때 천국을 체험할 수 있다.

사랑하는 별 하나

이성선

나도 별과 같은 사람이
될 수 있을까
외로워 쳐다보면
눈 마주쳐 마음 비쳐 주는
그런 사람이 될 수 있을까

나도 꽃이 될 수 있을까
세상일이 괴로워 쓸쓸히 밖으로 나서는 날에
가슴에 화안히 안기어
눈물짓듯 웃어 주는
하얀 들꽃이 될 수 있을까

가슴에 사랑하는 별 하나를 갖고 싶다
외로울 때 부르면 다가오는
별 하나를 갖고 싶다

마음 어두운 밤 깊을수록
우러러 쳐다보면
반짝이는 그 맑은 눈빛으로 나를 씻어
길을 비추어 주는
그런 사람 하나 갖고 싶다

『사랑은 그렇게 오더이다』(민예원) 중에서

November 11/29

> 범사에 여러분에게 모본을 보여준 바와 같이 수고하여 약한 사람들을 돕고 또 주 예수께서 친히 말씀하신 바 주는 것이 받는 것보다 복이 있다 하심을 기억하여야 할지니라 – 행 20:35
>
> In everything I did, I showed you that by this kind of hard work we must help the weak, remembering the words the Lord Jesus himself said: 'It is more blessed to give than to receive. (Ac 20:35)

* 우울증 환자의 치료

오스트리아의 정신의학자 아들러에게 어느 날 우울증 환자가 찾아왔다. 아들러는 환자를 면밀히 검진해 보았으나 질환을 유발시킨 원인은 찾지 못했다. 아들러는 우울증 환자가 먹을 수 있는 약을 주면서 이렇게 말했다.

"이 약을 먹으면서 꼭 한 가지 해야 할 일이 있습니다. 지금부터 2주간 매일 남을 어떻게 하면 기쁘게 해줄까를 생각하고 헌신하십시오. 그러면 우울증에서 해방될 수 있습니다."

환자는 의사의 지시대로 남에게 도움을 줄 일을 찾아 열심히 일했다. 그러자 갑자기 기쁨이 생겨나 2주 만에 우울증을 치료받을 수 있었다.

February 2/1

> 평안을 너희에게 끼치노니 곧 나의 평안을 너희에게 주노라 내가 너희에게 주는 것은 세상이 주는 것과 같지 아니하니라 너희는 마음에 근심하지도 말고 두려워하지도 말라 – 요 14:27

Peace I leave with you; my peace I give you. I do not give to you as the world gives. Do not let your hearts be troubled and do not be afraid. (Jn 14:27)

★ 수만 가지의 작은 행복

미국의 한 신문사가 현대사회를 통렬하게 비판한 후 현대인 중엔 아무도 행복한 사람이 없을 것이라고 지적했다. 그리고 정말 행복한 사람이 있다면 연락해 달라고 보도했다. 물론 수없이 많은 전화가 걸려 왔다. 하루 일을 잘 끝낸 행복, 예쁜 꽃을 보는 행복, 아침에 새소리를 듣는 행복, 시원한 바람을 느끼는 행복 등 무려 5만여 가지나 수집된 행복의 사례는 대부분 평범한 일상에서 느끼는 작고 소박한 것들이었다. 오늘 우리를 행복하게 하는 것은 무엇일까.

November 11/28

우리는 마땅히 기도할 바를 알지 못하나 오직 성령이 말할 수 없는 탄식으로 우리를 위하여 친히 간구하시느니라 – 롬 8:26

We do not know what we ought to pray for, but the Spirit himself intercedes for us with groans that words cannot express. (Ro 8:26)

* 성령의 인도

탄광 속은 암흑뿐이다. 그러나 선로를 달리는 운반차를 타고 있으면 곧 밝은 곳으로 인도된다. 우리는 흑암이 짙어 두려움 때문에 주님에 대한 믿음을 잊을 때가 있다. 그러나 주님은 우리를 빛과 영원의 나라로 인도해 주시려고 대기하고 계신다.

February 2/2

> 너희 안에서 행하시는 이는 하나님이시니 자기의 기쁘신 뜻을 위하여 너희에게 소원을 두고 행하게 하시나니 모든 일을 원망과 시비가 없이 하라
>
> – 빌 2:13~14
>
> For it is God who works in you to will and to act according to his good purpose. Do everything without complaining or arguing. (Php 2:13~14)

* 희망의 불씨

외국잡지에 소개됐던 이야기. 사람들로 붐비는 거리에서 상점을 운영하던 사람이 있었다. 주인은 꿈을 가지고 성실하게 일했다. 그런데 어느 날 이 상점에 화재가 발생하여 값비싼 물건들이 모두 타버리고 말았다. 주변 사람들은 이 주인의 인생이 '끝장났다'고 생각했으나 화재 다음날 상점 앞에 붙은 알림을 보고 '힘찬 출발'을 예감했다. 그 글은 이렇다. "이 상점의 모든 것이 다 타버렸습니다. 그러나 우리 가족들의 희망은 결코 타지 않았습니다. 내일부터 다시 시작합니다."

November 11/27

그들에게 이르시되
삼가 모든 탐심을 물리치라
사람의 생명이 그 소유의 넉넉한 데
있지 아니하니라 하시고 – 눅 12:15

Then he said to them, "Watch out! Be on your guard against all kinds of greed; a man's life does not consist in the abundance of his possessions." (Lk 12:15)

★ 어떻게 하면 좋겠습니까

12세의 소녀가 상담자에게 질문했다.
"나는 부모님 모두를 사랑해요. 그러나 두 분은 이혼한다고 합니다. 나는 두 분 사이에 붙잡혀 있어요. 어떻게 할까요?"
이것은 크리스천들의 체험이다.
"나는 예수도 따르고 싶고 욕심도 따르고 싶어요. 나는 둘 사이에 끼였습니다."

February 2/3

복 있는 사람은 악인들의 꾀를 따르지 아니하며 죄인들의 길에 서지 아니하며 오만한 자들의 자리에 앉지 아니하고 오직 여호와의 율법을 즐거워하여 그의 율법을 주야로 묵상하는도다 – 시 1:1~2

Blessed is the man who does not walk in the counsel of the wicked or stand in the way of sinners or sit in the seat of mockers. But his delight is in the law of the LORD, and on his law he meditates day and night. (Ps 1:1~2)

* 소망의 광채

1535년, 암흑기의 중세. 개혁자 존 피셔가 사형을 당하던 날, 중병에 걸린 그는 사형대의 계단을 기어서 올라가야만 했다. 그가 사형대에 거의 올라갔을 무렵, 먹구름 사이로 찬란한 햇살이 쏟아져 내렸다. 그때 피셔는 두 팔을 벌려 구경꾼들에게 시편 34편 5절 말씀을 크게 외쳤다. "저희가 주를 앙망하고 광채를 입었으니 그 얼굴이 영영히 부끄럽지 아니하리로다!" 어디 피셔뿐이랴. 주를 앙망하는 사람은 영원한 '소망의 광채'를 입는다.

November 11/26

너희는 그 은혜에 의하여 믿음으로 말미암아 구원을 받았으니 이것은 너희에게서 난 것이 아니요 하나님의 선물이라 행위에서 난 것이 아니니 이는 누구든지 자랑하지 못하게 함이라 – 엡 2:8~9

For it is by grace you have been saved, through faith--and this not from yourselves, it is the gift of God--not by works, so that no one can boast. (Eph 2:8~9)

✱ 백만 번의 감사

미국은 모든 책의 판권을 국회 도서관에서 발부한다. 한 실업인이 '백만 번의 감사'란 책의 판권을 신청했는데 국회도서관은 책으로서 가치가 없다며 거절했다. 이 책의 내용은 다른 말은 전혀 없고 "하나님 감사합니다."만 백만 번 되풀이해서 적은 것이었다. 하나님의 사랑과 은혜는 백만 번 감사해도 부족하다.

February 2/4

또 무리에게 이르시되 아무든지 나를 따라오려거든 자기를 부인하고 날마다 제 십자가를 지고 나를 따를 것이니라 – 눅 9:23

Then he said to them all: "If anyone would come after me, he must deny himself and take up his cross daily and follow me. (Lk 9:23)

* 나는 주님의 것

구세군의 창설자 윌리엄 부스 대장이 죽기 수 개월 전 한 사람이 그를 방문하여 이런 질문을 했습니다. "그 토록 긴 세월 동안 주님의 종으로서 변함없이 일할 수 있었던 비결이 무엇입니까?" 부스는 조용하게 말했다. "비결 같은 것은 없습니다. 나는 날마다 하나님께 '나의 모든 것은 주님의 것입니다. 마음대로 써주십시오.' 하고 기도했습니다." 이것이 바로 헌신이다. 나의 시간, 재물, 건강, 재주 등 나의 모든 것을 하나님의 것으로 믿는 것이다.

November 11/25

선한 양심을 가지라 이는 그리스도 안에 있는 너희의 선행을 욕하는 자들로 그 비방하는 일에 부끄러움을 당하게 하려 함이라 – 벧전 3:16

Keeping a clear conscience, so that those who speak maliciously against your good behavior in Christ may be ashamed of their slander. (1Pe 3:16)

* 현명의 잣대

공자는 현명한 제자를 많이 두고 있었다. 그 중에 자장과 자하라는 사람이 있었는데 어느 날 한 선비가 공자를 찾아와 "선생님, 자장과 자하 중 어느 제자가 더 현명합니까?"라고 물었다. 잠시 생각한 공자는 "자장은 현명함이 좀 지나치고 자하는 좀 모자라는 편이지."라고 대답했다. 공자의 대답을 들은 선비는 "그 말씀은 자장이 더 낫다는 말씀이겠지요?"라고 물었다. 그러자 공자는 고개를 흔들며 이렇게 대답했다. "지나친 것과 모자라는 것은 둘 다 좋지 않은 것일세."

February 2/5

복음에는 하나님의 의가 나타나서 믿음으로 믿음에 이르게 하나니 기록된 바 오직 의인은 믿음으로 말미암아 살리라 함과 같으니라 – 롬 1:17

For in the gospel a righteousness from God is revealed, a righteousness that is by faith from first to last, just as it is written: "The righteous will live by faith." (Ro 1:17)

* 신앙은 뛰어내리는 것

서울에서 불이 났을 때 겨우 다섯 살 먹은 아이가 3층에서 뛰어내려 살아난 일이 있다. 불 속에서 창문 밖을 내다보니까 아버지와 다른 남자가 이불을 받쳐들고 뛰어내리라고 소리치고 있는 것을 본 것이다. 아버지에 대한 믿음 때문에 아이는 불 속에서 아래로 뛰어내릴 수 있었다.

신앙은 뛰어내리는 것이다. 살아 계신 하나님을 믿는 사람은 상식 이상의 것을 해내며 용감하고 자신감에 넘치는 삶을 산다.

November 11/24

옳다 인정함을 받는 자는
자기를 칭찬하는 자가 아니요
오직 주께서 칭찬하시는 자니라

− 고후 10:18

For it is not the one who commends himself who is approved, but the one whom the Lord commends. (2Co 10:18)

★ 크리스천이란 이름의 인간애

미국 남북전쟁 때의 일. 전쟁 중 남군의 한 병사가 물통을 들고 부상자에게 달려갔다. 곧 북군에서 사격을 가했으나 계속 달려가 물을 나눠주었다. 이를 본 북군의 장교가 휴전을 제의하였다. 휴전 후 장교는 남군의 용감한 병사에게 이름을 물었다. 그러자 그는 "내 이름은 크리스천이오."라고 웃으며 대답했다.

February 2/6

> 항상 기뻐하라 쉬지 말고 기도하라 범사에 감사하라 이것이 그리스도 예수 안에서 너희를 향하신 하나님의 뜻이니라 – 살전 5:16~18

Be joyful always; pray continually; give thanks in all circumstances, for this is God's will for you in Christ Jesus. (1Th 5:16~18)

★ 식욕을 주심도 감사

먹을 음식이 있다는 것이 얼마나 감사한 일인가. 17세기 중반 영국에서 첫 공화제를 선포하고 대대적인 개혁정책을 폈던 올리버 크롬웰은 신앙이 두터운 청교도였다. 그는 음식을 놓고 늘 이렇게 기도했다. "사람들 중에는 먹을 것이 있어도 식욕이 없는 자가 있습니다. 또한 식욕이 있어도 먹을 것이 없는 자가 있습니다. 저희에게 먹을 음식과 식욕을 주신 하나님께 감사를 드립니다."

November 11/23

내가 진실로 진실로 너희에게 이르노니 내 말을 듣고 또 나 보내신 이를 믿는 자는 영생을 얻었고 심판에 이르지 아니하나니 사망에서 생명으로 옮겼느니라 – 요 5:24

I tell you the truth, whoever hears my word and believes him who sent me has eternal life and will not be condemned; he has crossed over from death to life. (Jn 5:24)

★ 마지막 예배 뒤의 새 생명

본 회퍼 목사는 히틀러 정권과 맞서다 처형을 당했다. 마지막 예배를 드리고 사형장으로 끌려가던 목사는 동료들에게 말했다. "부활의 주님을 믿는 사람은 소망의 세계가 있습니다. 이것이 마지막이지만 나에게는 새 생명이 시작되고 있습니다."

February 2/7

> 돈을 사랑함이 일만 악의 뿌리가 되나니 이것을 탐내는 자들은 미혹을 받아 믿음에서 떠나 많은 근심으로써 자기를 찔렀도다 – 딤전 6:10

For the love of money is a root of all kinds of evil. Some people, eager for money, have wandered from the faith and pierced themselves with many griefs. (1Ti 6:10)

＊ 돈이 말하는 세상

현대의 병리현상은 돈에서 출발한다고 해도 과언이 아니다. 길을 잃은 한 사람이 벙어리를 만나 안내를 부탁했다. 그러자 벙어리는 돈을 내면 길을 일러 주겠다고 손으로 의사표시를 했다. 길을 잃은 이 사람은 의미를 알아차리고 그에게 얼마의 돈을 건네주었다. 그러자 그 벙어리는 즉시 입을 열어 말로 길을 알려 주었다. 길을 잃은 사람이 물었다. "왜 돈을 받지 않으면 벙어리인 척 합니까?" "요새는 말을 하는 것이 오직 돈이기 때문입니다." 돈이 말하는 세상은 불행하다. 성실과 진실과 사랑이 말하는 세상으로 변해야 한다. 그러자면 각 개인이 그리스도 안에서 변화 받고, 행함이 있는 믿음을 보여야 한다.

November 11/22

우리가 아직 죄인 되었을 때에 그리스도께서 우리를 위하여 죽으심으로 하나님께서 우리에 대한 자기의 사랑을 확증하셨느니라 – 롬 5:8

But God demonstrates his own love for us in this: While we were still sinners, Christ died for us. (Ro 5:8)

* 좋은 열매

작곡가 로시니의 제자 하나가 베토벤의 서거를 애도하는 장송곡을 작곡하여 스승에게 보였다. 로시니는 매우 무성의한 곡임을 알아채고 슬프게 말했다. "자네가 죽고 베토벤이 자네의 장송곡을 작곡했으면 얼마나 좋았을까!"

무슨 일이나 성의, 정성이 들어가지 않으면 좋은 열매를 기대할 수 없다. 십자가에 달린 예수는 인간을 향한 하나님의 최고의 정성이요, 사랑의 표시였다.

February 2/8

> 공중의 새를 보라 심지도 않고 거두지도 않고 창고에 모아들이지도 아니하되 너희 하늘 아버지께서 기르시나니 너희는 이것들보다 귀하지 아니하냐

– 마 6:26

Look at the birds of the air; they do not sow or reap or store away in barns, and yet your heavenly Father feeds them. Are you not much more valuable than they? (Mt 6:26)

✽ 혼자 아닌 나

나는 혼자가 아니다. 남들은 나의 선택한 길과 다른 길을 걷고 있으나 나는 혼자가 아니다. 남들은 나를 조롱하고 같은 길을 가자고 강요해도 나는 혼자가 아니다. 세상을 향해 "아니오"라고 말하는 것은 결코 손해가 아니다. 친구들이 뜻을 같이 하지 않는다고 불평해도 다른 사람들이 나를 이상한 사람으로 볼지라도 또 내가 이 길에 미혹된 듯이 보여도 예수님께서 걸어가신 길을 선택하고 있는 이상 나는 혼자가 아니다.

November 11/21

하나님은 아프게 하시다가 싸매시며 상하게 하시다가 그의 손으로 고치시나니 여섯 가지 환난에서 너를 구원하시며 일곱 가지 환난이라도 그 재앙이 네게 미치지 않게 하시며 – 욥 5:18~19

For he wounds, but he also binds up; he injures, but his hands also heal. From six calamities he will rescue you; in seven no harm will befall you. (Job 5:18~19)

★ 인생의 고비

아프리카 어느 곳에는 묵직한 돌을 짊어지고 가야만 건널 수 있는 얕은 강이 있다고 한다. 왜냐하면 이 강의 물결이 너무 세서 그냥 건너면 떠내려갈 수밖에 없기 때문이라고 한다. 우리 생활도 너무 편하면 세속의 물결에 휩쓸려 파멸에 이르게 된다. 그래서 하나님은 시련과 고통을 주신다. 또 양들이 많은 곳에는 염소가 한 마리 꼭 있어야 한다고 한다. 양들은 염소와 싸움으로써 질 좋은 털을 가질 뿐 아니라 운동도 겸하게 되어 잘 자란다는 것이다. 그렇지 않으면 양은 영양과다로 병에 걸리게 된다고 한다. 하나님은 성도의 성장과 성숙을 위해 '원수라는 염소'를 두신다.

February 2/9

너희 안에서 착한 일을 시작하신 이가 그리스도 예수의 날까지 이루실 줄을 우리는 확신하노라 - 빌 1:6

Being confident of this, that he who began a good work in you will carry it on to completion until the day of Christ Jesus. (Php 1:6)

★ 감춰진 소명

이 사람은 누구일까. 직업을 열 번도 더 바꾼 사람. 하는 일마다 실패해서 주위에서는 '별 볼일 없는 사람'으로 여겼던 인물. 뱃사공에서 농부로, 노동자에서 장사꾼으로, 군인에서 우체국 직원으로 지내다가 법률사무소 직원으로 있었던 사람. 법률사무소에서 법률 공부를 했고, 낙방 끝에 겨우 변호사가 되었던 사람. 그러다가 못생긴 얼굴로 주의원, 상원의원에 겨우 당선되었고 마침내 미국의 대통령이 된 인물. 그가 바로 노예 해방을 선포해 위대한 업적을 남긴 링컨이다.

November 11/20

너는 네 이웃을 억압하지 말며
착취하지 말며
품꾼의 삯을 아침까지 밤새도록
네게 두지 말며 – 레 19:13

'Do not defraud your neighbor or rob him. "'Do not hold back the wages of a hired man overnight. (Lev 19:13)

★ 부의 경계

대영국사를 써 많은 사람들에게 감명을 주고 명성을 날린 영국의 데이비드 흄은 말년에 주위로부터 속편을 써보라는 권유를 받았다. 그러나 흄은 집필에 들어가지 못하고 빈둥거렸다. "제발 다시 손을 대 주게." 한 친구가 집요하게 말하자 흄은 이렇게 대답했다.
"내가 다시 펜을 들 수 없는 이유가 네 가지일세. 첫째는 글을 쓰기에 너무 늙었고, 둘째는 살이 쪄 거동하는 것조차 불편하고, 셋째는 창작에 매달릴 수 없는 게으름이 생겼으며, 넷째는 돈이 너무 많아졌다는 것일세."

February 2/10

모든 지킬 만한 것 중에
더욱 네 마음을 지키라
생명의 근원이 이에서 남이니라 – 잠 4:23

Above all else, guard your heart, for it is the wellspring of life. (Prov 4:23)

★ 절대적 신념

스코틀랜드의 종교개혁자로 유명한 존 낙스(1513~1572)는 '박해의 상징'인 메리 여왕의 불의에 대해 통렬하게 비판하는 책을 출간, 왕의 비위를 건드리는 바람에 왕정파에 의해 체포되었다. "그대의 신앙과 그대가 말한 것을 철회할 생각이 없는가?" 지휘관이 매섭게 쏘아보며 물었다. 그러자 낙스는 분명한 어조로 대답했다. "마음이 그것을 생각했습니다. 입이 말했고 손이 그것을 썼습니다. 만일 그것으로도 모자란다면 하나님의 은총을 힘입어 피로써 그것을 증명하겠습니다."

November 11/19

여호와여 주께서 지으신 모든 것들이 주께 감사하며 주의 성도들이 주를 송축하리이다 - 시 145:10

All you have made will praise you, O LORD; your saints will extol you.
(Ps 145:10)

★ 15분씩 네 가지만

미국의 부흥사 빌리 선데이가 소년 시절 교회에서 이런 말씀을 들었다. "매일 15분씩 말씀을 듣고, 15분씩 하나님과 이야기하고(기도), 15분씩 하나님에 대하여 이야기하고(전도), 15분씩 사랑의 행동을 보여라. 그러면 훌륭한 하나님의 종이 될 것이다." 그는 평생 이 말씀을 지켰다고 한다.

February 2/11

여호와의 인자와 긍휼이 무궁하시므로 우리가 진멸되지 아니함이니이다 이것들이 아침마다 새로우니 주의 성실하심이 크시도소이다 – 애 3:22~23

Because of the LORD'S great love we are not consumed, for his compassions never fail. They are new every morning; great is your faithfulness. (La 3:22~23)

* 왕이 된 진짜 이유

어떤 왕이 거울을 보고 있는데 그 거울 속에서 왕의 모습을 한 사나이가 물었다. "자네 어떻게 왕이 되었다고 생각하나?" "남보다 잘나고 능력이 있어서지요." "세상엔 자네보다 잘나고 능력 있는 사람이 많다네." 거울 속의 사나이는 계속 어떻게 해서 왕이 되었느냐고 물었고, 왕은 지혜가 있어서, 재물이 있어서, 통솔력이 있어서라고 대답하다가 끝내 진땀을 흘리며 이렇게 고백했다. "제가 자랑할 것이 있겠습니까. 하늘의 은총이죠." 칼릴 지브란의 이야기다. 우리가 잘나고 선한 일을 많이 해서 '왕 같은 제사장'이 되었을까. 아니다. 모든 것은 하늘의 은총일 뿐이다.

November 11/18

눈물을 흘리며 씨를 뿌리는 자는 기쁨으로 거두리로다 울며 씨를 뿌리러 나가는 자는 반드시 기쁨으로 그 곡식 단을 가지고 돌아오리로다 – 시 126:5~6

Those who sow in tears will reap with songs of joy. He who goes out weeping, carrying seed to sow, will return with songs of joy, carrying sheaves with him. (Ps 126:5~6)

★ 쇠고랑 자국

옛날 선교사들은 많은 고생을 했다. 미얀마의 한 선교사는 17개월간 투옥되어 발목에 쇠고랑을 차고 있었다. 석방된 후 다시 전도를 시작했는데 많은 불교도들을 전도할 수 있었다. 그들이 예수를 믿게 된 것은 선교사의 설교 때문이 아니라 발목에 새겨진 쇠고랑 자국 때문이었다. 진리 때문이 아니면 그런 고통을 받을 수 없을 것이라고 생각했기 때문이다.

February 2/12

너희가 전에는 어둠이더니 이제는 주 안에서 빛이라 빛의 자녀들처럼 행하라 빛의 열매는 모든 착함과 의로움과 진실함에 있느니라 – 엡 5:8~9

For you were once darkness, but now you are light in the Lord. Live as children of light (for the fruit of the light consists in all goodness, righteousness and truth) (Eph 5:8~9)

＊ 시련 후에 있는 성장

헬렌 켈러는 "이 세상에서 가장 불행한 사람은 시력은 있는데 비전이 없는 사람이다."라고 말했다. 우리에게는 시련을 이겨내는 힘이 있다. 그 힘은 희망이며 사랑이다. 우리는 지나간 슬픔에 눈물을 낭비해서는 안 된다. 이 세상의 모든 피조물은 고통과 시련을 겪고 살아간다. 나무도 시련 속에 성장하고 꽃도 시련을 겪어야 성숙할 수 있다. 어떤 시련이 다가와도 바라보고 일어서기 바란다. 이 시련은 당신을 훈련시킬 좋은 기회이기 때문이다.

November 11/17

사랑은 여기 있으니 우리가 하나님을 사랑한 것이 아니요 하나님이 우리를 사랑하사 우리 죄를 속하기 위하여 화목 제물로 그 아들을 보내셨음이라

- 요일 4:10

This is love: not that we loved God, but that he loved us and sent his Son as an atoning sacrifice for our sins. (1Jn 4:10)

* 하나님의 자비

구 소련 스파이 로젠버그에게 사형선고가 내려졌다. 변호사는 판사에게 공정을 기해달라고 항의했다. 이 때 판사는 정의와 공정은 이미 집행되었으니 자비를 구하라고 했다.
우리는 하나님께 공정에 대해 따질 자격이 전혀 없다. 구할 것은 하나님의 자비뿐이다.

February 2/13

귀를 막고 가난한 자가 부르짖는 소리를 듣지 아니하면 자기가 부르짖을 때에도 들을 자가 없으리라 – 잠 21:13

If a man shuts his ears to the cry of the poor, he too will cry out and not be answered. (Prov 21:13)

＊ 살아 있을 때의 선행

라즈니시의 〈행복론〉에 나오는 얘기. 한 부자가 친구에게 "사람들은 내가 죽을 때 전 재산을 자선단체에 기부하겠다고 미리 유언한 것을 알면서 왜 나를 수전노라고 비난하는지 모르겠어." 라고 말했다. 그러자 친구가 '돼지와 암소' 이야기를 했다. "돼지가 암소에게 불평했지. '나는 사람들에게 베이컨과 햄, 심지어 발과 털까지도 제공해. 그런데 사람들은 나만 비난해.' 그러자 암소가 '그것은 나는 살아있을 때도 유익한 것을 제공하기 때문일 거야' 라고 말했다네."

November 11/16

너는 하나님 앞에서 함부로 입을 열지 말며 급한 마음으로 말을 내지 말라 하나님은 하늘에 계시고 너는 땅에 있음이니라 그런즉 마땅히 말을 적게 할 것이라 – 전 5:2

Do not be quick with your mouth, do not be hasty in your heart to utter anything before God. God is in heaven and you are on earth, so let your words be few. (Eccl 5:2)

* 아낄수록 좋은 말

새벽 세 시에 어떤 교수 집에 전화벨이 울렸다. 전화를 들자 "이웃집의 스미스인데 당신의 개가 짖는 바람에 잠을 못 자겠다."는 거친 목소리가 들렸다. 교수는 정중하게 알겠다며 전화를 끊었다. 다음날 그 스미스의 집에 전화가 왔다. "저는 옆집 교수인데 우리 집에는 개가 없습니다." 정확한 상황을 살피고 말을 해야 후환이 없다. 그러나 말을 아끼는 것이 가장 좋지 않으랴.

February 2/14

주께서 심지가 견고한 자를 평강하고 평강하도록 지키시리니 이는 그가 주를 신뢰함이니이다 – 사 26:3

You will keep in perfect peace him whose mind is steadfast, because he trusts in you. (Is 26:3)

✽ 구원으로 이끄는 믿음

1846년쯤 목사를 지원한 한 젊은이에게 의사는 "이런 병약한 몸으로 목회를 하면 1년 후 사망하고 말 것입니다. 그만 포기하십시오."라고 말했다. 그러나 젊은이는 순교한다는 각오로 복음을 증거했고, 불우한 이웃을 위해 구제 사업을 펴는 가운데 무려 84세까지 살았다. 그가 바로 구세군을 창설한 윌리엄 부스다. 그는 말년에 이렇게 말했다. "젊었을 때 의사가 나를 버렸으므로 나도 의사를 버렸다. 그리고 전능하신 하나님만 의지했다. 이 믿음이 나를 지켜주었다."

November 11/15

그런즉 너희는 여호와를 두려워하는 마음으로 삼가 행하라 우리의 하나님 여호와께서는 불의함도 없으시고 치우침도 없으시고 뇌물을 받는 일도 없으시니라 하니라 – 대하 19:7

Now let the fear of the LORD be upon you. Judge carefully, for with the LORD our God there is no injustice or partiality or bribery. (2Ch 19:7)

★ 마음의 행복은 양심에서

철학자 피타고라스의 제자 한 명이 신발 한 켤레를 사고 돈은 다음날 지불하기로 했다. 그런데 다음날 신발장수가 죽어 있었다. 제자는 신발을 공짜로 갖게 되어 좋아했지만 그것도 잠시, 양심에 걸려 매일 고통스러워했다. 결국 그는 돈을 들고 주인이 바뀐 그 가게에 찾아가 말했다. "세상 사람에게는 그가 죽었지만 제게는 살아있습니다."

February 2/15

하나님이 세상을 이처럼 사랑하사 독생자를 주셨으니 이는 그를 믿는 자마다 멸망하지 않고 영생을 얻게 하려 하심이라 – 요 3:16

"For God so loved the world that he gave his one and only Son, that whoever believes in him shall not perish but have eternal life." (Jn 3:16)

★ 사랑의 기억

기억상실증에 걸린 여인이 있었다. 남편은 이 여인의 기억을 되살리려고 무척 애를 썼다. 음악도 들려주고 시도 들려주었다. 이러한 남편의 노력 덕분에, 여인은 시간이 지남에 따라 서서히 기억이 되살아나 남편을 알아보고 아이들도 알아보게 되었다. 남편은 너무 기뻐 소리를 질렀다. 내 사랑을 되찾았노라고. 하나님의 사랑도 마찬가지이다. 인간은 하나님을 잊고 죄악 가운데 기억상실증에 걸린 환자처럼 살아간다. 하나님께서는 안타까워 주의 종과 증인들을 통해 '사랑의 기억'을 회복시키려고 애를 쓰신다. 그러다 인간이 교회에 나가 신앙생활을 하다보면 차츰 하나님에 대한 사랑의 기억을 되살리게 되는 것이다.

November 11/14

인내를 온전히 이루라
이는 너희로 온전하고 구비하여
조금도 부족함이 없게 하려 함이라

- 약 1:4

Perseverance must finish its work so that you may be mature and complete, not lacking anything. (Jas 1:4)

★ 대화의 법칙

마포중앙교회 홍순철 장로의 칼럼 중 일부.
"저의 작은 체험으로 얻은 법칙을 하나 소개할까 합니다. 그것은 '대화의 1·2·3 법칙'입니다. 즉 자기의 말은 1분하고, 상대의 말은 2분 동안 들어주고, 3분 동안은 상대방의 말에 맞장구를 쳐 주는 것입니다. 그러면 상대는 자기를 이해해 준다고 생각하게 되고 신뢰를 갖게 할 수 있어 대화는 거의 성공할 수 있습니다. 남의 이야기에 귀를 기울이지 않고 자기 말만 하면서 다른 사람만 탓하는 사람은 시도해 볼 만한 방법이라 생각됩니다."

February 2/16

내가 주께 범죄하지 아니하려 하여
주의 말씀을
내 마음에 두었나이다 – 시 119:11

I have hidden your word in my heart that I might not sin against you.
(Ps 119:11)

* 어떤 고백

히틀러의 경호원 중에 쿠르트너라는 사람이 있었다. 그는 히틀러를 신처럼 숭배했는데 전쟁이 끝날 무렵 히틀러가 자살하자 자신의 인생도 붕괴되는 것을 깨닫고 자살을 결심했다. 그리고 마지막으로 커피 한 잔을 마시려고 하던 중 전도책자를 읽었다. 그는 여기서 크게 변화되었다. 진정한 삶의 의미와 경배 대상을 찾은 그는 바로 부근의 목사를 찾아가 회개하고 그리스도를 영접했다. 이때 그는 이렇게 고백했다. "예수님은 구세주이시며 평화의 주인이십니다."

November 11/13

여호와는 마음이 상한 자를 가까이 하시고 충심으로 통회하는 자를 구원 하시는도다 - 시 34:18

The LORD is close to the brokenhearted and saves those who are crushed in spirit. (Ps 34:18)

★ 마음 수리 코너

어떤 목사가 거리를 지나다가 '상심한 마음 외에는 무엇이나 고쳐드립니다'라고 쓴 간판을 읽었다. 그 간판은 잡화상 수선집이었다. 이 목사는 그 집에 들어가 주인을 만났다. 주인이 말했다. "상심한 마음을 고쳐줄 분이 있겠나요?" 목사는 성경을 꺼내 다음 구절을 읽어 주었다. "마음이 상한 자를 고치며 포로 된 자에게 자유를…"(사 61:1) "여호와는 마음이 상한 자에게 가까이 하시고"(시 34:18) "통회하는 자의 마음을 소성케 하려함이라"(사 57:15) 이 말씀을 읽어 줄 때 성령이 이 주인에게 임했다. 주인은 감화를 받고 이렇게 말했다. "지금 당장 간판을 고쳐야겠군요. '우리는 상심한 마음까지도 고쳐줍니다'라고요."

February 2/17

수고하고 무거운 짐 진 자들아
다 내게로 오라
내가 너희를 쉬게 하리라 – 마 11:28

"Come to me, all you who are weary and burdened, and I will give you rest."
(Mt 11:28)

★ 영원한 희망

자살 연령이 낮아지고 있다. 여고생의 성적 비관 자살에서 최근 중학생들의 자살로 이어지더니, 이제는 초등학생들의 자살까지 늘고 있다. 얼마 전 청각장애를 가지고 있던 초등학생의 자살사건이 발생, 모두를 안타깝게 했다. 현재 미국 청소년의 경우도 78초마다 한 명씩 자살을 시도하고, 90분에 한 명씩 자살하며, 고의적인 사고까지 합쳐 1년에 2만 명이 자살한다는 보고가 나왔다. 자살의 구조적인 원인과 개인적인 원인이 있겠지만 '희망 결핍'이 '근본 원인'일 것이다. 영원한 희망은 그리스도에게 있다.

November 11/12

호흡이 있는 자마다
여호와를 찬양할지어다
할렐루야 – 시 150:6

Let everything that has breath praise the LORD. Praise the LORD.
(Ps 150:6)

* 괴짜 임금

영국에 왕관을 쓰지 않는 괴짜 임금이 있었다. 그는 카누트 황제였는데 신하들이 지나치게 자기 찬양하는 것이 싫어서 왕좌를 해변으로 옮기게 했다. 그리고 밀물이 올 때 "바다여, 멈추어라!" 하고 명령했다. 그러나 물결은 더 세졌다. 왕은 신하들에게 말했다. "보았느냐? 나는 아무것도 아니다. 권능은 하나님께 있다."

February 2/18

> 근신하라 깨어라 너희 대적 마귀가 우는 사자 같이 두루 다니며 삼킬 자를 찾나니 너희는 믿음을 굳건하게 하여 그를 대적하라 – 벧전 5:8~9

Be self-controlled and alert. Your enemy the devil prowls around like a roaring lion looking for someone to devour. Resist him, standing firm in the faith, (1Pe 5:8~9)

* 이번 한 번만

중세기 유럽의 민담이다. 악마의 두목이 작은 악마들에게 '인간을 파괴하는 무기'에 대한 현상 공모를 냈다. 1등으로 당선된 묘안은 인간으로 하여금 '이번 한 번만 하고 절대 안 할 자신이 있다.'라고 설득하는 것이었다. 이 민담의 교훈은 여기에 대하여 자신이 있는 인간은 한 명도 없기 때문에 한 번의 선만 무너뜨리면 조만간 자멸의 길을 걷는다는 내용이다.

November 11/11

오직 나그네를 대접하며
선행을 좋아하며 신중하며 의로우며
거룩하며 절제하며 – 딛 1:8

Rather he must be hospitable, one who loves what is good, who is self-controlled, upright, holy and disciplined. (Tit 1:8)

＊ 절제의 생활화

새해 벽두에 파산을 한 사람과 크게 성공한 기업가가 함께 기자회견을 하게 됐다. 먼저 파산한 사람에게 기자가 "실패의 요인이 무엇이었나요?"라고 물었다. "낭비였습니다. 사업이 한창 잘 될 때 돈을 종이처럼 썼죠." 이번에 성공한 재벌에게 기자가 "기업이 일어선 요인이 무엇입니까?"라고 물었다. "절제였습니다. 사업이 한창 잘될 때 종이를 금처럼 썼죠." 절제가 생활화되는 공동체를 가꿔가야 하겠다.

February 2/19

여호와의 손이 짧아 구원하지 못하심도 아니요 귀가 둔하여 듣지 못하심도 아니라 오직 너희 죄악이 너희와 너희 하나님 사이를 갈라 놓았고 너희 죄가 그의 얼굴을 가리어서 너희에게서 듣지 않으시게 함이니라 – 사 59:1~2

Surely the arm of the LORD is not too short to save, nor his ear too dull to hear. But your iniquities have separated you from your God; your sins have hidden his face from you, so that he will not hear. (Is 59:1~2)

* 왜 못 듣나

사람이 어느 때 듣지 못하는가. 먼저 부르는 소리가 작을 때, 그러나 하나님의 음성은 우리 영혼의 귀를 울리기에 결코 작지 않다. 주님의 음성은 지금도 큰 소리로 와 닿는다. 그 다음 소음의 방해가 있을 때 듣지 못한다. 마귀의 방해로 하나님의 음성을 듣지 못할 때가 있다. 그러나 그것보다는 내 속의 범죄로 인해 못 듣는 것이다. 그리고 다른 생각을 하고 있을 때 우리는 듣지 못한다. 세상의 헛된 생각으로 인생을 허비하는 사람은 하나님의 음성을 듣지 못한다.

November 11/10

여인이 어찌 그 젖 먹는 자식을 잊겠으며 자기 태에서 난 아들을 긍휼히 여기지 않겠느냐 그들은 혹시 잊을지라도 나는 너를 잊지 아니할 것이라

- 사 49:15

Can a mother forget the baby at her breast and have no compassion on the child she has borne? Though she may forget, I will not forget you!
(Is 49:15)

★ 모정은 고통보다 강하다

펄 벅 여사는 '어머니의 초상'이란 글에서 고통의 승화에 대해 말했다. "어머니는 결혼해서 선교사인 아버지를 따라 중국에 가셨다. 생명의 위협 속에서도 일곱 명의 자녀를 낳으셨다. 고통 중에도 그분은 우리를 위해 노래하셨고 늘 기쁨을 주셨다."

February 2/20

육신을 따르는 자는 육신의 일을, 영을 따르는 자는 영의 일을 생각하나니 육신의 생각은 사망이요 영의 생각은 생명과 평안이니라 – 롬 8:5~6

Those who live according to the sinful nature have their minds set on what that nature desires; but those who live in accordance with the Spirit have their minds set on what the Spirit desires. The mind of sinful man is death, but the mind controlled by the Spirit is life and peace. (Ro 8:5~6)

★ 세 가지 회심

어떤 신자가 목회자에게 찾아와 "진정한 변화란 무엇입니까?" 라고 물었다. 목회자는 말했다. "마틴 루터는 세 가지 변화를 말했습니다. 머리의 회심과 가슴의 회심, 돈지갑의 회심이 그것입니다. 머리의 회심이란 지적인 변화를 말합니다. 복음의 세계, 진리의 세계를 깨닫고 변화하는 것입니다. 가슴에 뜨거운 사랑과 정의가 있어 그것을 이웃에 실천해야 하지요. 그리고 중요한 것은 물질에 대한 변화입니다. 물질을 어떻게 모으고 어떻게 사용하는가가 회심의 척도가 될 수 있습니다."

November 11/9

사람이 마땅히 우리를 그리스도의 일꾼이요 하나님의 비밀을 맡은 자로 여길지어다 그리고 맡은 자들에게 구할 것은 충성이니라 – 고전 4:1~2

So then, men ought to regard us as servants of Christ and as those entrusted with the secret things of God. Now it is required that those who have been given a trust must prove faithful. (1Co 4:1~2)

★ 성취는 실천에서 오는 것

빈민가에서 태어나 큰 부자가 된 김손에게 사람들이 부자가 된 비결을 물었다. "술을 안 마시고 고생을 두려워하지 않고 일합니다. 또 하나님을 믿고 의심하지 마세요." 그러자 한 사람이 "그건 누구나 아는 거군요."라고 했다. 김손은 웃으며 말했다. "그렇소. 그러나 당신은 아직 실천하지 못하고 있잖습니까?"

February 2/21

> 나의 계명을 지키는 자라야 나를 사랑하는 자니 나를 사랑하는 자는 내 아버지께 사랑을 받을 것이요 나도 그를 사랑하여 그에게 나를 나타내리라

– 요 14:21

Whoever has my commands and obeys them, he is the one who loves me. He who loves me will be loved by my Father, and I too will love him and show myself to him. (Jn 14:21)

★ 링컨 어머니의 유언

민주주의의 등불이요, 노예해방의 아버지 링컨의 생애는 가시밭길의 연속이었다. 스무 살이 넘을 때까지 손에서 도끼를 놓아본 적이 없었고 농부, 품팔이꾼, 뱃사공, 장사꾼, 측량사 조수, 우체국장, 변호사를 지냈다. 그가 역경 속에서 꿈과 신념을 잃지 않았던 것은 어머니 낸시의 신앙 때문이다. 링컨이 아홉 살 때 낸시가 세상을 뜨면서 이렇게 말했다. "사랑하는 아들아, 너는 늘 성서를 읽고 말씀대로 살아라. 하나님과 이웃을 사랑해라. 이것이 나의 마지막 부탁이다." 링컨은 어머니의 말을 항상 기억하고 역경을 헤쳐 나가 미국의 위대한 대통령이 되었다.

November 11/8

이것을 너희에게 이르는 것은 너희로 내 안에서 평안을 누리게 하려 함이라 세상에서는 너희가 환난을 당하나 담대하라 내가 세상을 이기었노라 – 요 16:33

"I have told you these things, so that in me you may have peace. In this world you will have trouble. But take heart! I have overcome the world." (Jn 16:33)

＊ 행복의 길

부부간에 행복지수 높이는 방법.
- 사랑의 하나님을 경외하는 것이 사랑과 행복의 시작이다.
- 인간은 설득 당하게 태어났다. 인내심을 갖고 부드럽게 설득하라.
- 이해의 한계를 느낄 때는 기도하라.
- 종종 "우리는 행복하려고 만난 부부다."라고 손잡고 외치라.
- 칭찬은 저축하는 것이 아니다. 마음껏 소비하라.

February 2/22

> 그러므로 내가 너희에게 말하노니 무엇이든지 기도하고 구하는 것은 받은 줄로 믿으라 그리하면 너희에게 그대로 되리라 – 막 11:24
>
> Therefore I tell you, whatever you ask for in prayer, believe that you have received it, and it will be yours. (Mk 11:24)

* 모든 것을 가능하게 하시는 하나님

수녀 테레사에 관한 이야기다. 마을에 교회당이 필요한데, 아무도 헌금을 하지 않았다. 테레사는 동전 하나를 주머니에서 꺼내 보이며 "돈은 여기에 있어요." 하고 말했다. 모두가 웃었다. 상식을 벗어난 말이기 때문이다. 그러나 그녀는 "이것은 동전 한 닢입니다. 여기에 하나님의 생각을 보태면 무엇이나 가능합니다."라고 말했습니다. 마침내 마을 사람들은 용기를 얻고 믿음을 가져 5년 뒤에 교회당을 완공했다.

November 11/7

나의 영혼이 잠잠히 하나님만 바람이여 나의 구원이 그에게서 나오는도다 오직 그만이 나의 반석이시요 나의 구원이시요 나의 요새이시니 내가 크게 흔들리지 아니하리로다 – 시 62:1~2

A psalm of David. When he was in the Desert of Judah. O God, you are my God, earnestly I seek you; my soul thirsts for you, my body longs for you, in a dry and weary land where there is no water. I have seen you in the sanctuary and beheld your power and your glory. (Ps 62:1~2)

* 의미 있는 인생

어떤 대학 졸업식장에서 교수가 졸업생들에게 권면을 했다. "우리 대학의 정신은 변화를 추구하는 것이다. 변화가 발전을 가져오므로 의미 있는 인생은 변화를 추구한다."
성경에도 구원이란 변화와 연결되어 있다고 말한다. "보라 옛 것은 지나가고 새 것이 되었도다."

February 2/23

> 오직 그에게만 죽지 아니함이 있고 가까이 가지 못할 빛에 거하시고 어떤 사람도 보지 못하였고 또 볼 수 없는 이시니 – 딤전6:16

who alone is immortal and who lives in unapproachable light, whom no one has seen or can see. To him be honor and might forever. Amen.(Ti1 6:16)

★ 영광된 일

미 우주선 페스타인더 호의 화성 착륙은 '천문학의 승리'였다. 현대 천문학의 기초를 세운 과학자는 요한 케플러(1571~1630). 그는 행성이 태양의 주위를 단순히 원형으로 도는 것이 아니라 태양을 초점으로 타원의 궤도를 그린다는 이론을 폈다. 신실한 크리스천이었던 그는 말한다.

"천문학자는 스스로의 영광을 위해서가 아니라 하나님의 영광을 위하여 자연이라는 책에서 무언가를 찾도록 허락된 지극히 높으신 하나님의 종일뿐입니다."

November 11/6

내가 모든 사람에게서 자유로우나 스스로 모든 사람에게 종이 된 것은 더 많은 사람을 얻고자 함이라 – 고전 9:19

Though I am free and belong to no man, I make myself a slave to everyone, to win as many as possible. (1Co 9:19)

★ 지도자의 조건

영국의 처칠 총리가 국민들로부터 존경받은 이유는 그의 정직성에 있다. 그는 독일과의 전쟁에서 참패한 후 국민들에게 패배를 솔직하게 시인했다. "리비아에서 아군은 참패했습니다. 독일군의 진격이 너무 빨랐습니다. 우리는 그들을 당해낼 수 없었습니다." 처칠의 용기 있는 패배 시인에 비난을 퍼붓는 국민은 한 사람도 없었다. 오히려 존경의 뜻을 보냈다. 여기서 힘을 얻은 처칠은 다음 전투를 승리로 이끌었다. 국민들은 '예'와 '아니오'를 분명하게 밝힐 수 있는 지도자를 신뢰한다.

February 2/24

또 너희 중에 누가 염려함으로 그 키를 한 자라도 더할 수 있느냐 그런즉 가장 작은 일도 하지 못하면서 어찌 다른 일들을 염려하느냐 - 눅 12:25~26

Who of you by worrying can add a single hour to his life? Since you cannot do this very little thing, why do you worry about the rest? (Lk 12:25~26)

＊ 걱정할 필요 없는 걱정

기독교출판협의회 회장 여운학 장로의 칼럼집 〈왜 너는 걱정하느냐〉중의 일부분이다. "어느 권위 있는 연구조사에 의하면 우리의 걱정 근심 가운데 80퍼센트가 일어날 수 없는 쓸데없는 것이며, 12퍼센트는 자기와 상관없는 일이고, 오직 8퍼센트만이 진정으로 걱정할 만한 것이라고 합니다. 그러나 성경을 보면 나머지 8퍼센트의 걱정 근심도 무익하다는 것입니다. 왜냐하면 이 8퍼센트까지도 하나님께서 대신 맡아주시기 때문입니다. 기도할 수 있는데 왜 걱정하십니까? 기도하는 하루하루가 되시기 바랍니다, 샬롬."

November 11/5

선한 사람은 마음에 쌓은 선에서 선을 내고 악한 자는 그 쌓은 악에서 악을 내나니 이는 마음에 가득한 것을 입으로 말함이니라 – 눅 6:45

The good man brings good things out of the good stored up in his heart, and the evil man brings evil things out of the evil stored up in his heart. For out of the overflow of his heart his mouth speaks. (Lk 6:45)

* 습관의 속성

한 스승이 제자를 데리고 산에 갔다. 스승은 제자에게 세 그루의 나무를 보여주며 뽑으라고 말했다. 심은 지 얼마 안 되는 첫 번째 나무는 쉽게 뽑을 수 있었다. 두 번째는 1년 된 나무, 제자는 힘들여 겨우겨우 뽑았다. 세 번째는 심은 지 오래된 나무로 아무리 애써도 뽑을 수가 없었다. "도저히 못하겠는데요." 제자가 말하자 스승이 강조했다.

"습관이라는 것도 이와 같다. 선이든 악이든 습관을 들이고 오래되면 그만큼 뽑기 어려운 법이다."

February 2/25

너의 하나님 여호와가 너의 가운데에 계시니 그는 구원을 베푸실 전능자이시라 그가 너로 말미암아 기쁨을 이기지 못하시며 너를 잠잠히 사랑하시며 너로 말미암아 즐거이 부르며 기뻐하시리라 하리라 – 습 3:17

The LORD your God is with you, he is mighty to save. He will take great delight in you, he will quiet you with his love, he will rejoice over you with singing. (Zep 3:17)

★ 51년간 간직한 꽃병

네덜란드에 사는 한 노부부는 결혼 50주년을 맞아 잔치를 벌였다. 그런데 탁자 위에 깨진 꽃병이 하나 놓여 있었다. 그것은 축하연에 어울리지 않는 '폐기물' 같았다. 연로한 신부는 답례 차례가 되자 이렇게 말했다. "남편이 51년 전 내게 처음 청혼했을 때 나는 그 감격에 그만 꽃병을 넘어뜨려 깨뜨리고 말았는데 이게 바로 그 꽃병입니다. 나는 그 때의 감격을 늘 되새기기 위해 이 꽃병을 소중하게 보관하고 있답니다." 예수 그리스도께서 십자가의 대속을 통해 우리를 사랑하신다고 할 때 우리는 그 감격에 아집과 죄악, 탐욕과 교만을 깨뜨릴 수밖에 없다. 그리고 이 '깨뜨린 감격'을 늘 기억하는 성도가 행복한 신앙인이다.

November 11/4

주께서 내게 복을 주시려거든 나의 지역을 넓히시고 주의 손으로 나를 도우사 나로 환난을 벗어나 내게 근심이 없게 하옵소서 하였더니 하나님이 그가 구하는 것을 허락하셨더라 – 대상 4:10

"Oh, that you would bless me and enlarge my territory! Let your hand be with me, and keep me from harm so that I will be free from pain." And God granted his request. (1C 4:10)

★ 시골소년의 꿈

충북 음성에서 살던 한 소년은 학교를 방문한 외무부 장관의 연설을 듣고 외교관이 되기로 결심했다. 그러기 위해서는 영어를 공부해야겠다고 생각하고 열심히 공부했으나 시골출신이라 서울 학생들에 비해 실력이 월등할 수 없었다. 그러나 그는 최선을 다해 공부했고 마침내 전국영어말하기대회에서 1등상을 거머쥘 수 있었으며 전국에서 네 명에게만 주어지는 미국방문의 기회도 얻었다. 그는 케네디 미국 대통령과 함께 사진을 찍으며 외교관의 꿈을 더욱 굳혔다. 그는 현재 세계 평화를 위해 일하고 있는 반기문 유엔사무총장이다.

February 2/26

오직 믿음으로 구하고 조금도 의심하지 말라 의심하는 자는 마치 바람에 밀려 요동하는 바다 물결 같으니 이런 사람은 무엇이든지 주께 얻기를 생각하지 말라 – 약1:6~7

But when he asks, he must believe and not doubt, because he who doubts is like a wave of the sea, blown and tossed by the wind. That man should not think he will receive anything from the Lord. (Jas 1:6~7)

★ 믿음의 축복

이스라엘 우화.
창조주께서 처음 새들에게 날개를 주셨을 때 새들은 그것이 '창공을 나는 특혜'인 줄 모르고 "뭐 이런 것을 달아주셔서 다니기 불편하게 만드셨습니까?"라고 불평했다. "그것은 날개다. 힘껏 펼쳐 보아라." 창조주께서 말씀하셨지만 새들은 불평만 하고 날개를 움직이지 않았다. 그 때 용감한 독수리가 높은 곳에 올라가 힘껏 날개를 펼쳤다. 이렇게 최초의 비상은 섭리에 따른 믿음에서 이루어졌다. '고통의 짐'을 '은혜의 날개'로 믿고 감사하는 사람이 복을 얻는다.

November 11/3

* 술 취한 친구

술 취한 친구를 말에 태워 보내기는 아주 어렵다. 계속 떨어지기 때문이다. 방법은 한 가지. 친구가 함께 안장에 앉아 가는 것이다. 인간은 술 취한 사람보다 더 불안하다. 하나님과 함께 말을 타고 가는 믿음의 관계에서 해결이 온다는 뜻이다.

여호와께 피하는 것이 사람을 신뢰하는 것보다 나으며 여호와께 피하는 것이 고관들을 신뢰하는 것보다 낫도다

– 시 118:8~9

It is better to take refuge in the LORD than to trust in man. It is better to take refuge in the LORD than to trust in princes. (Ps 118:8~9)

February **2/27**

너희 몸은 너희가 하나님께로부터 받은 바 너희 가운데 계신 성령의 전인 줄을 알지 못하느냐 너희는 너희 자신의 것이 아니라 – 고전 6:19

Do you not know that your body is a temple of the Holy Spirit, who is in you, whom you have received from God? You are not your own. (1Co 6:19)

★ 존재의 용기

1985년 5월 15일, 미국 콜롬비아 대학에서 50세의 시각장애인이 철학박사 학위를 받았다. 한국인 전재경씨였다. 7살 때 안질에 걸려 맹인이 된 그는 신앙과 주위의 격려로 '암흑세계'를 극복했다. 미국 유학 시절, 그는 맹인전용 도서관에 가기 위해 매일 세 번씩 지하철을 갈아타야 했다. 그는 그렇게 20년을 공부했다. '존재의 용기'를 주었던 말씀은 에베소서 2장 10절이었다.
"우리는 그의 만드신 바라 그리스도 예수 안에서 선한 일을 위하여 지으심을 받은 자니……."

November 11/2

외모로 보시지 않고 각 사람의 행위대로 심판하시는 이를 너희가 아버지라 부른즉 너희가 나그네로 있을 때를 두려움으로 지내라 – 벧전 1:17

Since you call on a Father who judges each man's work impartially, live your lives as strangers here in reverent fear. (1Pe 1:17)

* 불평은 불행을 부른다

출옥한 늙은 죄수가 수도원에 찾아가 받아줄 것을 간청했다. 수도원장은 5년마다 꼭 한 마디 말만 하는 조건으로 그를 받아들였다.
첫 5년 되는 해 내뱉은 말은 "잠자리가 나쁘다."였고 그 뒤에는 "음식이 나쁘다." 그 뒤에는 "더 이상 못 살겠다."였다. 15년 동안 노인의 세 마디는 전부 불평뿐이었다. 그 뒤 수도원장은 불평뿐인 노인을 조용히 내보냈다.

February 2/28

모든 것이 가하나 모든 것이 유익한 것은 아니요 모든 것이 가하나 모든 것이 덕을 세우는 것은 아니니 누구든지 자기의 유익을 구하지 말고 남의 유익을 구하라 – 고전 10:23~24

"Everything is permissible"--but not everything is beneficial. "Everything is permissible"--but not everything is constructive. Nobody should seek his own good, but the good of others. (1Co 10:23~24)

* 세 가지 관문

어떤 현인의 제자 중에 남의 말을 하기 좋아하는 사람이 있었다. 특히 이 사람은 말을 지어내 남을 험담하고 다녔다. 현인은 조용히 제자를 불러 다음과 같이 말했다.

"말은 생명의 수분이요, 파멸의 무기라네. 남을 판단하는 말은 삼대문을 통과한 후에 해야 하는 법일세." "그게 도대체 어떤 문입니까?" "첫째로 정확한 사실에 근거하는 문을 통과해야 한다네. 둘째로 자신은 그런 말을 할 자격이 있느냐 하는 문을 통과해야지 셋째는 이웃에 무슨 유익이 있을까 하는 문을 통과해야 할 걸세."

November 11/1

너희 중에 누구든지 지혜가 부족하거든 모든 사람에게 후히 주시고 꾸짖지 아니하시는 하나님께 구하라 그리하면 주시리라 – 약1:5

If any of you lacks wisdom, he should ask God, who gives generously to all without finding fault, and it will be given to him. (Jas 1:5)

★ 간디의 교훈

막 출발 하려는 기차에 간디가 올라탔다. 그 순간 그의 신발 한 짝이 벗겨져 떨어졌다. 기차가 이미 움직이고 있었기 때문에 신발을 주울 수가 없었다. 그러자 간디는 얼른 나머지 신발 한 짝을 벗어 그 옆에 떨어뜨렸다. 간디의 그런 행동에 놀라 이유를 묻자 간디는 미소를 지으며 말했다. "어떤 가난한 사람이 바닥에 떨어진 신발 한 짝을 주웠다고 생각해 보십시오. 그에게는 아무 쓸모가 없을 것입니다. 하지만 이제는 나머지 한 짝마저 갖게 되지 않았습니까?"

February 2/29

> 너는 그리스도 예수의 좋은 병사로 나와 함께 고난을 받으라 병사로 복무하는 자는 자기 생활에 얽매이는 자가 하나도 없나니 이는 병사로 모집한 자를 기쁘게 하려 함이라 – 딤후 2:3~4

Endure hardship with us like a good soldier of Christ Jesus. No one serving as a soldier gets involved in civilian affairs--he wants to please his commanding officer. (2Ti 2:3~4)

★ 고난의 의미

알렉산더 대왕에 이어 마케도니아 대제국을 물려받은 안티고노스 휘하에 질병에 시달리면서도 적진 속을 용감하게 뛰어들어 승전하던 부하가 있었다. 안티고노스는 시의를 부하에게 보내 병을 고쳐 주었다. 그런데 이 부하가 전처럼 용감하지 못했다. 안티고노스는 그를 불러 "병이 있을 때는 그렇게 용감하던 네가 웬일이냐?"고 물었다.

"그 때는 목숨을 생각하지 않고 싸웠는데 회복된 지금은 목숨이 소중해져 몸을 사리게 되었습니다."

고난이 있어야 인생이 진지해진다.

소중한 그대

리즈 커티스 히그스

그대는 그대의 가치를 어떻게 평가하는가? 은행에 예금한 돈으로? 가지고 있는 자동차로? 그대의 직함으로?

대공황 기간 동안 그대의 뼈에 살점이라도 조금 붙어 있었다면, 그대는 특별한 존재다. 즉 그대는 그래도 넉넉한 형편이어서 그대의 집에서 굶주리는 사람이 없다는 것을 의미하기 때문이다. 사람들은 그대가 훌륭한 보살핌을 받고 그 때문에 사람들의 관심의 대상이 되고 있다고 생각할 것이다.

하늘을 날고 있는 새를 보라. 그대는 뼈만 남아있는 새를 본 적이 있는가? 아마도 그런 새는 병들어서 먹이를 구하기 위해 날아오르기조차 힘겨운 새일 것이다.

반면 하늘을 높이 날고 있는 새는 건강하며 살이 토실토실하게 쪄있다. 비록 새들은 내일까지 먹을 양식이 없다 하더라도 하늘에 계신 아버지께서 주시는 오늘의 양식으로 행복해 보인다.

예수님은 하나님이 보시기에, 배불러 흡족한 새들보다 우리의 존재가 훨씬 가치 있는 존재라고 말씀하신다. 그분은 우리의 모든 부족함을 돌보아 주신다. 물질적인 것뿐만 아니라 영적인 부족함 까지도.

『하나님의 영상을 나타내며』 중에서

December 12/25

지극히 높은 곳에서는
하나님께 영광이요
땅에서는 하나님이 기뻐하신 사람들
중에 평화로다 하니라 – 눅 2:14

"Glory to God in the highest, and on earth peace to men on whom his favor rests." (Lk 2:14)

★ 성탄의 참뜻

미국의 선교사 부부가 일본 지찌부에 처음으로 선교의 발을 디뎠는데 그 때가 크리스마스였다. 그들은 이런 소감을 말했다. "이 곳 사람들은 카드도 보내고 산타클로스도 기다린다. 그러나 그들은 성탄의 주인공인 예수님이 그들 곁에 오셨다는 사실에는 관심이 없다."

January 1/5

나 여호와가 의로 너를 불렀은즉
내가 네 손을 잡아 너를 보호하며
너를 세워 백성의 언약과 이방의 빛이
되게 하리니 – 사 42:6

"I, the LORD, have called you in righteousness; I will take hold of your hand. I will keep you and will make you to be a covenant for the people and a light for the Gentiles,(Isa 42:6)

★ 따지지 않는 믿음

복음서에는 예수님께 칭찬받은 인물들이 나온다. 수로보니게 여인, 로마의 백부장 등이다. 그들은 한결 같이 이성으로 조목조목 따져 믿은 것이 아니라 전폭적으로 믿어 칭찬을 받은 이들이다. 이에 대해 위대한 설교가 스펄전은 말한다. "인간이 하나님 앞에서 할 일은 계산적인 믿음이 아니라 절대믿음을 갖는 일이다. 계산은 하나님께서 하신다." 로마 백부장의 위대한 고백을 상기해 본다.
"다만 말씀으로만 하옵소서 그러면 내 하인이 낫겠사옵나이다" (마8:8)

December 12/26

그러므로 우리는 긍휼하심을 받고 때를 따라 돕는 은혜를 얻기 위하여 은혜의 보좌 앞에 담대히 나아갈 것이니라 – 히 4:16

Let us then approach the throne of grace with confidence, so that we may receive mercy and find grace to help us in our time of need. (Heb 4:16)

* 성경은 역사적 사실

오래 전 미국의 석유회사 감독관이 "그를 위하여 갈대 상자를 가져다가 역청과 나무진을 칠하고"라는 성경을 읽고 무릎을 쳤다. 역청은 석유의 원유를 뜻하기 때문이다. 그 회사는 즉시 지질학자를 이집트 현지에 파견했고 얼마 후 모세의 어머니가 갈대 상자를 만든 곳으로 추정되는 곳에서 대규모 유전을 발견하는 개가를 올렸다.

January 1/4

자녀들아
우리가 말과 혀로만 사랑하지 말고
행함과 진실함으로 하자 – 요일 3:18

Dear children, let us not love with words or tongue but with actions and in truth. (1Jn 3:18)

★ '나를 따라오라'의 기적

1967년 군 병력이 열세에 있던 이스라엘은 막강한 아랍을 6일만에 격파, 세계 전쟁사에 경이로운 기록을 남겼다. 당시 이스라엘의 베긴 총리는 전쟁 후 미국의 한 기자와의 인터뷰를 가졌는데 "막강한 아랍을 이길 수 있었던 비결이 무엇이냐"는 질문에 "이스라엘 군대에서는 절대로 내려서는 안 되는 명령이 하나 있습니다. 그것은 돌격입니다."라고 말했다. "그러면 그 명령 대신 무슨 명령을 내립니까?" 기자가 묻자 베긴 총리는 짤막하게 대답했다. "나를 따르라."

December 12/27

너희 중에 고난 당하는 자가 있느냐 그는 기도할 것이요 즐거워하는 자가 있느냐 그는 찬송할지니라 – 약 5:13

Is any one of you in trouble? He should pray. Is anyone happy? Let him sing songs of praise. (Jas 5:13)

* 위인들의 공통점 '고난 극복'

강철왕 앤드루 카네기가 말했다. "나는 근대 인물 39명의 전기를 쓰면서 그들의 공통점을 조사해 보았다. 그 중 한 가지는 대부분이 가난하고 불우한 환경에서 자랐다는 점이다. 후에 다시 현대인물 43명의 전기를 썼는데 이 중 32명이 가난과 역경을 딛고 성공했다는 사실을 알았다."

January 1/3

내가 가는 길을 그가 아시나니 그가 나를 단련하신 후에는 내가 순금 같이 되어 나오리라 – 욥 23:10

He knows the way that I take; when he has tested me, I will come forth as gold. (Job 23:10)

★ 고난 뒤의 은총

은총은 고난을 통해 온다. 러시아가 낳은 세계적인 작가 도스토예프스키는 9년 동안 시베리아 유배생활을 한 뒤 〈죄와 벌〉, 〈학대받는 사람들〉을 썼다. 이탈리아 출신 단테는 정적들에 의해 추방된 뒤 방랑하면서 〈신곡〉이란 불후의 명작을 집필했다.
헨델의 메시아도 호화스러운 작곡실에서 나온 것이 아니었다. 헨델은 반신불수로 감옥에 갇힌 후 세계인의 영혼을 뒤흔드는 명곡을 작곡한 것이다.

December 12/28

이스라엘 족속아
진흙이 토기장이의 손에 있음 같이
너희가 내 손에 있느니라 – 렘18:6

Like clay in the hand of the potter, so are you in my hand, O house of Israel.
(Jer 18:6)

★ 깨어있으라

일본군이 진주만을 공격하던 날 새벽, 미 공군 전투기 조종사였던 해리 브라운은 잠깐 잠들었다 깼다. 지난 밤 파티에서 술이 취해 겨우 윗도리만 벗고 잠옷을 입고 잠들었던 것이다. 그는 허겁지겁 비행기를 타고 활주로를 달렸는데 턱시도 바지에 잠옷 저고리를 걸친 채였다.

예수님은 "너희가 생각하지 않은 때에 인자가 오리라."고 말씀하셨다.

January 1/2

너는 마음을 다하여 여호와를 신뢰하고 네 명철을 의지하지 말라
너는 범사에 그를 인정하라 그리하면 네 길을 지도하시리라 – 잠 3:5~6

Trust in the LORD with all your heart and lean not on your own understanding; in all your ways acknowledge him, and he will make your paths straight. (Prov 3:5~6)

＊ 나폴레옹의 자만

나폴레옹이 유럽을 정복한 후 그 기세를 몰아 러시아까지 진격해 들어가려고 할 때의 일이다. 출정 전날 그는 한 귀족 부인에게 승전의 확신을 갖고 자신의 계획을 자세히 설명했다. 듣고 있던 부인은 "인간이 계획하나 이루시는 분은 하나님이십니다."라고 조용히 말했다. 그러자 황제는 껄껄 웃으며 "부인, 모든 것은 제가 계획하고 제가 이룰 것입니다."라고 거만하게 말했다. 그러나 몇 달 후 나폴레옹은 전쟁에서 대패하고 1814년에서 퇴위, 엘바 섬에 유배되고 말았다.

화이트 크리스마스

재닛 오우크

    나는 눈 내리는 크리스마스를 좋아한다.
    비록 예수님이 아기의 모습으로 이 땅에 오셔서 눈이 내렸는지 아닌지를 모르셨다고 해도 눈은 이 세상에서 왕 중의 왕이 오심을 환영하기 위한 것으로는 가장 적합해 보인다. 그런데 나는 눈이 없는 크리스마스는 상상할 수가 없다.

    언젠가 우리 교회에 초빙 연사가 와서 예수님이 탄생하셨던 날 밤, 베들레헴에 눈이 내렸을 가능성이 거의 없었을 것이라고 말했을 때, 나는 그 사람이 틀렸다고 반박하고 싶었다. 눈이 없는 크리스마스를 상상해 보라. 아기 예수를 맞이함에 있어서 더럽고, 휑뎅그런, 지저분한 세상이란 정말 어울리지 않는다.

    정말이지 나는 매년 크리스마스 때마다 눈이 내리기를 고대했다. 눈은 나에게 성스런 성찬식 같은 것이었다. 단조로운 황토색의 추한 세상을 하나님은 몸소 자신의 손으로 빚어 만든 깨끗하고 신선한 눈으로 덮어 주신다.

    헐벗은 나무들, 지저분하게 발자국이 난 앞뜰 텅 빈 마당들은 모두 순식간에 은빛 찬란한 온화한 형상으로 바뀌어 버린다. 이러한 광경들은 무언가 정말로 기적 같은 일이 내 눈 앞에서 벌어지고 있다는 생각을 늘 불러일으킨다.

『사랑의 아버지』 중에서

개역개정판

약속의 말씀

365일 날마다 예수님과 함께

The Word of Promise

October 10/31

내가 평안히 눕고 자기도 하리니 나를 안전히 살게 하시는 이는 오직 여호와이시니이다 – 시 4:8

I will lie down and sleep in peace, for you alone, O LORD, make me dwell in safety. (Ps 4:8)

★ 쉬지 말고 걱정하라는 성경 말씀

평생 고생스러운 일생을 산 노인이 생일 소감을 말했다. "일하는 시간에야 걱정할 틈도 없었죠. 앉았을 때는 푹 쉬죠. 쉬지 말고 걱정하라는 성경 말씀은 어디에도 없잖아요. 밤에는 많은 걱정이 떠오르지만 자버리죠. 그 시간은 하나님의 품에 안기는 시간이니까요."

March 3/1

너희는 이 세대를 본받지 말고 오직 마음을 새롭게 함으로 변화를 받아 하나님의 선하시고 기뻐하시고 온전하신 뜻이 무엇인지 분별하도록 하라

- 롬 12:2

Do not conform any longer to the pattern of this world, but be transformed by the renewing of your mind. Then you will be able to test and approve what God's will is--his good, pleasing and perfect will. (Ro 12:2)

★ 흉내 내기

미국의 30대 대통령 캘빈 쿨리지가 역임했을 당시, 백악관으로 초대받은 사람은 아침식사 때 크게 당황하는 체험을 해야 했다. 그들이 대통령 옆자리에 앉으면 대통령은 커피잔을 들어 접시에 커피를 붓고 설탕과 크림을 탔다. 손님들은 좀 이상하다 싶으면서도 그것을 따라했는데 곧 대통령이 그 접시를 고양이에게 주려고 바닥에 내려놓은 것을 봐야 했다. 요즘은 텔레비전에 나오는 일부 가수들의 이상한 옷차림, 개그맨들의 일부 저속한 말을 그대로 따라하는 모방풍조가 있다. 성도는 어울리는 것과 어울리지 않는 것을 분별해야 할 것이다.

두려워하지도 초조해하지도 말라

엘리자베스 엘리엇

두려워하지도 초조해 하지도 말라

근심은 아무런 유익을 가져다주지 못한다. 당신은 단지 근심함으로써 1인치를 더 보태거나 빼는 일에 성공한 적이 있는가? 걱정이 일을 하는 데 아무런 도움이 되지 않았다면, 걱정함으로써 할 수 있는 다른 일이 있을까?

근심이란 '내일'과 같이 아직 주어지지도 않은 것을 가지는 행위이다. 내일은 우리 것이 아니므로 내일에 대해서 염려한다는 것은 부질없는 일이다. 내일을 위한 계획을 세울 수는 있지만, 염려한 내일은 아직 우리에게 허락되지 않았다.

근심이란 또한 주어진 것을 거부하는 행위이다. 하나님의 지혜 안에서 우리 각자에게 알맞게 할당된 책임은 오늘의 보살핌이지, 내일의 걱정이 아니다. 근심은 신뢰의 반대다.

이 두 가지는 상호 배타적이기 때문에 동시에 할 수는 없다. 근심은 시간과 에너지를 낭비시키는 사악한 행동일 뿐이다.

『훈련, 그 즐거운 포기』 중에서

나무들

김남조

보아라
나무들은 이별의 준비로
더욱 사랑하고만 있어
한 나무 안에서
잎들과 가지들이
혼인하고 있어
언제나 생각에 잠긴 걸 보고
이들이 사랑하는 줄
나는 알았지

오늘은
비를 맞으며
한 주름 큰 눈물에
온몸 차례로
씻기우네

아아 아름다워라
잎이 가지를 사랑하고
가지가 잎을 사랑하는 거
둘이 함께
뿌리를 사랑하는 거

『사랑은 그렇게 오더이다』(민예원) 중에서

March 3/2

사람의 행위가 자기 보기에는
모두 깨끗하여도
여호와는 심령을 감찰하시느니라

- 잠 16:2

All a man's ways seem innocent to him, but motives are weighed by the LORD. (Prov 16:2)

★ 똑같은 경험

항상 무사안일하게 10년간을 한 직장에서 지낸 사람이 있었다. 이 사람은 창의력을 전혀 발휘하지 않고 주어진 일에 적당히 대처하며 지냈다. 이런 소극적이고 불성실한 태도로 인해 이 사람은 승진에서 계속 밀려났다. 그는 회사 고위간부에게 하소연하며 "그래도 내게는 10년간의 경험이 있습니다."라고 말했다. 그러자 그 간부가 정색을 하고 말했다. "바로 그 점이 당신의 문제입니다. 당신은 한 해의 경험을 10회나 반복했을 뿐, 달라진 것은 없습니다." 크리스천이 아무리 몇 십년 동안 믿었어도 달라진 것이 없다면 하나님께서 무어라 말씀하실까.

October 10/30

너희가 내 말에 거하면
참으로 내 제자가 되고 진리를 알지니
진리가 너희를 자유롭게 하리라 – 요 8:31~32

"If you hold to my teaching, you are really my disciples. Then you will know the truth, and the truth will set you free" (Jn 8:31~32)

✱ 인생의 최대관심사 '행복'

조지 갤럽의 미국 여론 연구소가 행복에 관한 여론조사를 실시했다. 그 결과 가장 행복한 사람은 생생한 종교적 체험을 가진 사람이었고, 불행한 사람은 알코올 중독자였다.

March 3/3

이 율법책을 네 입에서 떠나지 말게 하며 주야로 그것을 묵상하여 그 안에 기록된 대로 다 지켜 행하라 그리하면 네 길이 평탄하게 될 것이며 네가 형통하리라 – 수 1:8

Do not let this Book of the Law depart from your mouth; meditate on it day and night, so that you may be careful to do everything written in it. Then you will be prosperous and successful. (Jos 1:8)

★ 가장 큰 자산

50년 가까이 교회에서 아이들을 가르치던 '거부교사'가 있었다. 대통령이 그에게 "체신장관을 맡아 달라"고 했을 때 그는 "주일 성수와 아이들 가르치는 일을 보장해 주신다면 하겠습니다."라고 말했다. 대통령은 기쁜 얼굴로 그렇게 하겠다고 대답했다. 이 사람이 바로 미국의 '백화점왕' 워너 메이커다. 그가 이런 인생을 살 수 있었던 것은 성령의 가르침대로 따랐기 때문이다. 어릴 때 가난했던 그는 1달러 50센트짜리 성경을 월부로 사서 읽었다. 성경은 그의 가장 큰 자산이었다.

October 10/29

> 여호와여 주는 주의 일을 이 수년 내에 부흥하게 하옵소서 이 수년 내에 나타내시옵소서 진노 중에라도 긍휼을 잊지 마옵소서 – 합 3:2

LORD, I have heard of your fame; I stand in awe of your deeds, O LORD. Renew them in our day, in our time make them known; in wrath remember mercy. (Hab 3:2)

★ 흔들리지 않는다

미국의 설교가 버넷 목사는 세계 대전 당시 군목으로 종군했었다. 그가 프랑스에 주둔했을 때 독일군의 포탄이 교회의 종탑에 명중했다. 그래서 지붕 밑에 둥지를 틀고 있던 제비들이 하늘 높이 날아올랐다가 당시 종탑 잃은 교회당으로 내려앉았다. 목사는 그것을 보고 외쳤다. "바로 이거다! 우리가 받은 나라는 흔들리지 않는다!"

March 3/4

예수께서 이르시되 네 마음을 다하고 목숨을 다하고 뜻을 다하여 주 너의 하나님을 사랑하라 하셨으니 이것이 크고 첫째 되는 계명이요 – 마 22:37~38

Jesus replied: "'Love the Lord your God with all your heart and with all your soul and with all your mind.' This is the first and greatest commandment." (Mt 22:37~38)

✱ 리빙스턴

영국의 한 시골 교회에서 아프리카의 의료사업을 위하여 헌금을 거두게 되었다. 한 소년이 자기 앞에 헌금 쟁반이 돌아왔을 때 그 위에 성큼 올라앉았다. 사람들은 이 엉뚱한 행동을 보고 격분하여 일어섰다. 그러나 소년은 눈을 반짝이며 말했다. "저는 바칠 돈이 없어요. 그렇지만 나 자신을 아프리카를 위하여 몽땅 바치겠어요." 이 소년이 바로 의사로서 아프리카의 첫 번째 선교사가 된 리빙스턴이었다.

October 10/28

이르시되 진실로 너희에게 이르노니 너희가 돌이켜 어린 아이들과 같이 되지 아니하면 결단코 천국에 들어가지 못하리라 – 마 18:3

And he said: "I tell you the truth, unless you change and become like little children, you will never enter the kingdom of heaven. (Mt 18:3)

★ 죄인이기를 자처하는 믿음

미국의 언론인 대니얼 웹스터는 저명인사가 되고부터 지방에 있는 교회에 다녔다. 왜 먼 거리의 지방 교회에 다니냐고 사람들이 물었다. "내 얼굴을 아는 교회에 가면 목사들이 나를 의식해 정치인 웹스터에게 설교합니다. 그러나 나를 모르는 곳에서는 죄인 웹스터가 어떻게 변화되어야 하는가를 들려주지요."

March 3/5

> 소망 중에 즐거워하며 환난 중에 참으며 기도에 항상 힘쓰며 성도들의 쓸 것을 공급하며 손 대접하기를 힘쓰라

– 롬 12:12~13

Be joyful in hope, patient in affliction, faithful in prayer. Share with God's people who are in need. Practice hospitality. (Ro 12:12~13)

* 밤에 따는 향수

향수에 관심이 있는 사람이라면 세계에서 가장 좋은 향수는 발칸 산맥의 장미에서 나온다는 사실을 알고 있다. 그런데 향수 제조자는 반드시 한밤중에 장미를 딴다. 즉, 밤 12시에 장미를 따기 시작해서 2시간 안에 일을 끝낸다. 이처럼 짧은 시간 내에 장미를 따는 것은 과학적 실험에 근거를 두고 있다. 장미는 한밤중에 가장 향기로운 향을 발산한다는 것이다. 태양이 비치는 낮에는 향기의 40퍼센트 가량이 감소된다고 한다. 인격과 신앙의 향기는 어느 때 가장 향기로운가. 극한 고난의 밤, 절망과 아픔의 밤에 발산된다. 따라서 크리스천은 고난의 밤에 신앙의 향기가 나오는 것을 알고 감사하며 그 향기를 주님께 드려야 할 것이다.

October 10/27

하나님의 도는 완전하고 여호와의 말씀은 진실하니 그는 자기에게 피하는 모든 자에게 방패시로다 – 삼하 22:31

As for God, his way is perfect; the word of the LORD is flawless. He is a shield for all who take refuge in him. (2Sa 22:31)

* 수놓은 천의 앞면과 뒷면

어거스틴은 고통과 인생에 대해 이렇게 말했다. "고통은 수를 놓은 천과 같다. 천의 뒷면은 많은 색깔의 실이 얽혀 보기에 나쁘다. 고통을 단지 괴로움으로 보는 것은 뒷면만 보기 때문이다. 천의 앞면을 보면 혼란하던 실들이 조화를 이뤄 아름답다. 하나님의 섭리를 믿는 사람은 무질서 너머의 아름다운 미래를 본다."

March 3/6

사랑 안에 두려움이 없고 온전한 사랑이 두려움을 내쫓나니 두려움에는 형벌이 있음이라 두려워하는 자는 사랑 안에서 온전히 이루지 못하였느니라

– 요일 4:18

There is no fear in love. But perfect love drives out fear, because fear has to do with punishment. The one who fears is not made perfect in love. (1Jn 4:18)

* 고통받는 쥐의 심장

인디언들 사이에서 전해오는 이야기.
고양이에 대한 두려움으로 끊임없이 고통 받는 쥐가 한 마리 있었다. 쥐가 고양이로 인해 너무 고통스러워하자 한 마법사가 쥐를 고양이로 변하게 했다. 그런데 이 고양이가 이번에는 개 때문에 큰 고통을 받았다. 마법사는 이 고양이를 개로 만들어 주었다. 그러자 이 개는 호랑이를 두려워하기 시작했다. 그러자 이 마법사가 말했다. "다시 쥐가 되어라. 너는 쥐의 심장밖에 가질 수 없으니 나도 어쩔 수 없다."
사람이 두려움을 가지고 있는 한 환경이 어떻게 변하든 불행할 수밖에 없다. 그러자 우리가 예수 그리스도의 사랑 안에 있을 때 모든 두려움을 물리칠 수 있다.

October 10/26

너희 안에
이 마음을 품으라
곧 그리스도 예수의 마음이니 – 빌 2:5

Your attitude should be the same as that of Christ Jesus. (Php 2:5)

* 부모는 자녀들의 거울

부모가 비평을 잘하면 자녀들은 부정적인 성격을 닮게 된다. 악의와 오기에 찬 부모의 모습을 자주 보며 자란 자녀는 난폭한 성품을 배운다. 그러나 자주 격려를 받으며 성장하는 자녀들은 자신감이 넘친다. 칭찬을 받으며 자란 자녀는 감사할 줄 아는 성품을 배운다. 자녀는 부모가 하는 대로 닮게 마련이다. 부모는 아이들에게 좋은 본을 보여 주려고 노력해야 한다. 가정을 포근하고 따뜻한 사랑의 보금자리로 가꾸어 나가야 한다. 항상 의지하고 싶은 따뜻한 곳이 가정이다.

March 3/7

비판하지 말라 그리하면 너희가 비판을 받지 않을 것이요 정죄하지 말라 그리하면 너희가 정죄를 받지 않을 것이요 용서하라 그리하면 너희가 용서를 받을 것이요 – 눅 6:37

Do not judge, and you will not be judged. Do not condemn, and you will not be condemned. Forgive, and you will be forgiven. (Lk 6:37)

★ 모르면 비판하지 말라.

미국의 명감독 존 휴스턴의 일화. 그는 두 자녀와 생활에 관한 대화를 늘 나누었는데, 특히 친구들을 섣불리 판단하지 말 것을 당부하곤 했다. 어느 날 저녁식사 시간에 딸 엔젤리카가 "나는 반 고흐의 그림은 딱 질색이에요."라고 말했다. 이 말을 들은 휴스턴은 "고흐의 그림이 싫다고? 그러면 네가 알고 있는 고흐의 그림이 몇 개인지, 왜 싫어하는지 그 이유를 말해보아라." 하고 말했다.

딸이 우물쭈물하자 휴스턴은 이렇게 가르쳤다. "상대방을 자세히 모르고서 함부로 판단하지 말거라."

October 10/25

노하기를 더디하는 자는 용사보다 낫고 자기의 마음을 다스리는 자는 성을 빼앗는 자보다 나으니라 - 잠 16:32

Better a patient man than a warrior, a man who controls his temper than one who takes a city. (Prov 16:32)

★ 감사하는 삶

미국의 기독교 교단 중 '그리스도 연합교회'가 있다. 이 교단에서는 하루에 열두 번 감사할 것을 강조한다.
- 아침, 새로운 시간을 주심에
- 일터로 가면서 움직이는 기쁨에
- 일하면서 비판이나 압력을 받을 때는 도전을 주심에
- 점심에는 대화할 수 있는 동료에
- 귀가 후 가족을 보며
- 잠을 주신 은혜에
- 꿈 속에서는 생명을 주신 은혜에

March 3/8

하나님이여 사슴이
시냇물을 찾기에 갈급함 같이
내 영혼이 주를 찾기에 갈급하니이다

− 시 42:1

For the director of music. A maskil of the Sons of Korah. As the deer pants for streams of water, so my soul pants for you, O God. (Ps 42:1)

✽ 한계와 기도

풍자와 애수의 생활을 절묘하게 표현한 작가 찰스 디킨스의 소설 〈두 도시 이야기〉에는 제리 크런처라는 인물이 나온다. 그는 무신론자로 아내가 매일 자신을 위해 무릎을 꿇고 간절히 기도할 때마다 '잠꼬대' 하고 있다고 조롱했다. 그러던 그가 프랑스 혁명의 공포시대에 휘말리면서 생명의 위협을 당했을 때 비로소 인간의 한계와 기도의 절박함을 깨닫고 "아내가 나를 위해 그 '잠꼬대'를 제발 해주었으면"하고 중얼거린다.

인간은 위기에 봉착하면 기도할 수밖에 없다.

October 10/24

심히 교만한 말을 다시 하지 말 것이며 오만한 말을 너희의 입에서 내지 말지어다 여호와는 지식의 하나님이시라 행동을 달아 보시느니라 – 삼상 2:3

Do not keep talking so proudly or let your mouth speak such arrogance, for the LORD is a God who knows, and by him deeds are weighed. (1Sa 2:3)

★ 기적의 편지

96년 애틀랜타 올림픽에서 올림픽 백년 역사상 처음으로 남자 200미터, 400미터 두 종목을 석권한 미국의 마이클 존슨. 그가 이 같은 쾌거를 이룩한 데는 피나는 훈련과 천부적인 체력, 과학적인 적응이 있었다. 그러나 결정적인 힘이 된 것은 1936년 베를린 올림픽의 4관왕에 올랐던 제시 오웬스의 미망인 루스 여사로부터 한 통의 격려 편지를 받고서부터다. 존슨은 시합 전 그 편지를 복사해 갖고 다니며 의지를 다졌다고 고백하고 있다. 격려는 위대한 힘을 낳는다.

March 3/9

하나님의 말씀은 살아 있고 활력이 있어 좌우에 날선 어떤 검보다도 예리하여 혼과 영과 및 관절과 골수를 찔러 쪼개기까지 하며 또 마음의 생각과 뜻을 판단하나니 – 히 4:12

For the word of God is living and active. Sharper than any double-edged sword, it penetrates even to dividing soul and spirit, joints and marrow; it judges the thoughts and attitudes of the heart. (Heb 4:12)

* 성경에 근거한 기도

세계인의 존경을 받는 크리스천인 조지 뮬러는 기도의 사람이었다. 그는 93세까지 살았는데 고아원을 시작하면서부터 세상을 떠나기 전까지의 60년간은 특히 기도를 많이 하고 살았다. 고아의 아버지로 알려진 그가 기도의 응답으로 받은 금액은 무려 720만 달러나 되었다. 뮬러는 하나님의 일을 위해서 무엇이 필요하게 되면 기도를 바로 시작하지 않았다. 그는 자기가 올릴 기도의 내용이 성경의 어디에 약속되어 있는가를 꼭 찾은 다음에 기도를 했다고 한다. 그래서 어떤 때는 기도를 하기 전에 며칠 동안 성경을 찾을 때도 있었다고 한다.

October 10/23

우리가 지금은 거울로 보는 것 같이 희미하나 그 때에는 얼굴과 얼굴을 대하여 볼 것이요 지금은 내가 부분적으로 아나 그 때에는 주께서 나를 아신 것 같이 내가 온전히 알리라 – 고전 13:12

Now we see but a poor reflection as in a mirror; then we shall see face to face. Now I know in part; then I shall know fully, even as I am fully known. (1Co 13:12)

★ 인간적인 욕구

어떤 신학교 선생이 방학을 맞아 집에 가는 학생에게 "지금 천국에 갈 수 있다면 가겠느냐, 집에 가겠느냐?"하고 물었다. 그러자 학생은 "집에 들러 천당에 가겠어요."하고 대답했다. 이렇게 인간은 세상과 하나님 나라 모두를 가지고 싶어한다. 사랑의 하나님은 롯의 인간적인 욕구를 수락해주시면서도 먼저 하나님 나라와 그 의를 구하라는 원칙을 제시하신다.

March 3/10

내일 일을 너희가 알지 못하는도다 너희 생명이 무엇이냐 너희는 잠깐 보이다가 없어지는 안개니라 – 약 4:14

Why, you do not even know what will happen tomorrow. What is your life? You are a mist that appears for a little while and then vanishes. (Jas 4:14)

★ 내일을 모르는 하루살이

어느 날 하루살이와 메뚜기가 함께 놀았다. 저녁 무렵이 되었을 때 메뚜기가 하루살이에게 "오늘은 그만 놀고 내일 만나자."고 말했다. "내일이 뭔데?" "캄캄한 밤이 지나면 밝은 날이 오는데 그게 내일이야." 하루살이는 메뚜기의 이 말을 듣고도 이해를 하지 못했다. 이 메뚜기는 어느 날 개구리와 함께 놀았다. 개구리는 "날씨가 추워지니 그만 놀고 내년에 만나자."고 말했다. "내년이 뭔데?" "내년은 겨울이 끝난 후 날이 따뜻해지려고 할 때 오는 거야." 그러나 메뚜기는 개구리의 말을 알아듣지 못했다.

사람은 죽은 뒤에 영생이 있다. 그러나 이 세상밖에 모르는 사람은 "영생이 뭔데?"라고 말한다. 예수 그리스도 안에서 거듭날 때 영생이 있음을 안다.

October 10/22

너희는 여호와를 만날 만한 때에 찾으라 가까이 계실 때에 그를 부르라 — 사 55:6

Seek the LORD while he may be found; call on him while he is near. (Is 55:6)

* 듣는 태도

습관적인 기도의 문구를 유창하게 말한다고 좋은 기도가 되는 것은 아니다. 기도의 기본 자세는 먼저 하나님의 말씀을 듣는 태도로부터 시작된다. 사무엘처럼 "말씀하옵소서 주의 종이 듣겠나이다" 하는 것이 바른 기도의 자세이다.

March 3/11

하나님의 성령을 근심하게 하지 말라 그 안에서 너희가 구원의 날까지 인치심을 받았느니라 – 엡 4:30

And do not grieve the Holy Spirit of God, with whom you were sealed for the day of redemption. (Eph 4:30)

★ 성령의 인도하심

시카고의 어네스트 티틀 씨의 이야기이다. 아내가 병으로 세상을 떠난 날, 그는 밤새도록 거리를 헤맸다. 아침이 되자 그는 비로소 정신이 돌아와 자기가 어느 강가에 서 있는 것을 발견하였다. 깜짝 놀라서 돌아서려는 순간 그의 늙으신 아버지가 뒤에 서 계신 것을 보았다. 아버지는 아들을 위로 할 길이 없어 말은 안 했으나 밤새도록 아들의 뒤를 따라다닌 것이다. 그는 "보혜사 성령은 나의 아버지와 같다."라고 간증하였다.

October 10/21

서로 돌아보아 사랑과 선행을 격려하며 모이기를 폐하는 어떤 사람들의 습관과 같이 하지 말고 오직 권하여 그 날이 가까움을 볼수록 더욱 그리하자

- 히 10:24~25

And let us consider how we may spur one another on toward love and good deeds. Let us not give up meeting together, as some are in the habit of doing, but let us encourage one another--and all the more as you see the Day approaching. (Heb 10:24~25)

★ 친교 공동체

캐나다 농촌에서 세 살 난 아이가 실종되었다. 한없이 넓은 밀밭이었다. 각 교회의 소년부터 노인까지 모두 한 줄로 서서 밀밭 속을 전진하여 쓰러져 있는 아이를 찾아냈다. 그것이 교회의 모습이다. 한 마음, 한 노래, 한 믿음으로 단결한 성도의 교제 '코이노니아'를 교회라고 부른다.

March 3/12

그를 향하여 우리가 가진 바 담대함이 이것이니 그의 뜻대로 무엇을 구하면 들으심이라 – 요일 5:14

This is the confidence we have in approaching God: that if we ask anything according to his will, he hears us. (1Jn 5:14)

* 뜻을 맞춰라

허드슨 테일러는 중국선교에 일생을 바친 영국선교사였다. 그는 사람들로부터 "당신은 어떻게 일생을 사역자로 보낼 수 있었습니까? 그러면서도 행복한 비결은 무엇입니까?"라는 질문을 받을 때마다 이렇게 대답했다. "제 헌신과 행복의 비결은 하루를 어떻게 시작하느냐에 달려 있습니다. 연주자는 음악회가 시작되기 전 악기를 조율합니다. 음악회가 끝난 뒤 조율한다면 어리석은 사람이겠지요. 저는 아침에 일어나면 하나님의 뜻과 맞추는 일부터 합니다. 그러면 인생이 보람 있지요."

October 10/20

내가 너와 함께 있어 네가 어디로 가든지 너를 지키며 너를 이끌어 이 땅으로 돌아오게 할지라 내가 네게 허락한 것을 다 이루기까지 너를 떠나지 아니하리라 하신지라 – 창 28:15

I am with you and will watch over you wherever you go, and I will bring you back to this land. I will not leave you until I have done what I have promised you. (Ge 28:15)

★ 집념의 열매

1494년경 이탈리아의 여름날 새벽. 어느 영주의 젊은 정원사가 나무로 만들어진 화분에 조각을 하고 있었다. 산책길에 이 모습을 보던 영주는 청년에게 "이런 일을 한다고 임금을 더 주는 것도 아닌데 이른 새벽부터 조각하느냐"고 말했다. 청년은 말했다. "저는 이 정원을 사랑합니다. 정원을 아름답게 가꾸는 것이 저의 직무이므로 보수와 관계없이 기쁘게 일하고 있습니다." 영주는 감동을 받고 그 청년에게 미술 공부를 시켰다. 이 청년이 르네상스 시대 최대의 미술가인 미켈란젤로다.

March 3/13

너는 내일 일을 자랑하지 말라
하루 동안에 무슨 일이 일어날는지
네가 알 수 없음이니라 – 잠 27:1

Do not boast about tomorrow, for you do not know what a day may bring forth. (Prov 27:1)

＊ 예측 못할 삶

고대 그리스의 정치가이며 철학자였던 솔론이 리디아의 왕 크로이소스를 만났다.
"세상에서 제일 행복한 사람이 누구입니까?" 왕의 질문에 솔론은 대답했다. "아테네의 텔로스입니다. 그는 자녀를 잘 길렀고 행복한 가정을 꾸렸으며 나라를 위해 전사했습니다." "그러면 두 번째는?" "올림픽에서 월계관을 쓴 사람들입니다." "왜 나를 행복한 사람으로 지목하지 않소?"
"전하, 인생은 예측할 수 없습니다. 그 때문에 비석이 서기 전까지 행복한 사람인지 불행한 사람인지 알 수 없습니다."

October 10/19

너희는 택하신 족속이요 왕 같은 제사장들이요 거룩한 나라요 그의 소유가 된 백성이니 이는 너희를 어두운 데서 불러 내어 그의 기이한 빛에 들어가게 하신 이의 아름다운 덕을 선포하게 하려 하심이라 – 벧전 2:9

you are a chosen people, a royal priesthood, a holy nation, a people belonging to God, that you may declare the praises of him who called you out of darkness into his wonderful light. (1Pe 2:9)

* 위대한 부정

스코틀랜드의 개혁자 로버트 리(1804~1868)의 '위대한 부정(不定)' 7가지.
- 피 흘림이 없으면 죄 용서가 없다 (히 9:22)
- 믿음이 없으면 주를 기쁘시게 못한다 (히 11:6)
- 행함이 없으면 죽은 믿음 (약 2:26)
- 거룩함이 없으면 주를 볼 수 없다 (히 12:14)
- 사랑이 없으면 아무것도 아니다 (고전 13:2)
- 징계가 없으면 참 자녀가 아니다 (히 12:8)
- 주가 아니면 아무것도 할 수 없다 (요 15:5)

March 3/14

> 내 백성이 지식이 없으므로 망하는도다 네가 지식을 버렸으니 나도 너를 버려 내 제사장이 되지 못하게 할 것이요 – 호 4:6

my people are destroyed from lack of knowledge. "Because you have rejected knowledge, I also reject you as my priests; because you have ignored the law of your God, I also will ignore your children. (Hos 4:6)

★ 아기를 잃었습니다

어느 집의 주인이 먼 고장으로 여행을 떠나면서 하인과 함께 아기와 아기 옷을 남겨두었다. 주인은 하인에게 "아기를 잘 보살피고 옷을 늘 깨끗하게 갈아입히게."라고 말했다. 얼마 후에 주인이 돌아왔을 때 하인이 말했다. "주인님, 여기 아기 옷이 있습니다. 보시다시피 아기 옷은 깨끗하고 닳은 곳 없이 잘 보존되어 있습니다. 그러나 죄송하게도 아기가 어디에 있는지 모르겠습니다."

영혼을 잃어버린 채 육신의 생활에만 관심을 기울이는 현대인들이 얼마나 많은가. 이런 사람은 죽음의 순간이나 큰 고난에 직면하면 이런 고백을 할 수밖에 없다. "나는 좋은 옷과 음식, 집을 얻었습니다. 나는 육신의 쾌락을 즐겼습니다. 그러나 내 영혼이 어디에 있는지 그것을 모르겠습니다."

October 10/18

오직 사랑 안에서 참된 것을 하여
범사에 그에게까지 자랄지라
그는 머리니 곧 그리스도라 — 엡 4:15

Instead, speaking the truth in love, we will in all things grow up into him who is the Head, that is, Christ. (Eph 4:15)

★ 매력적인 여성이란

최근 여성들의 위치가 사회적으로 부상하고 있다. 정보시대에는 여성의 감성과 섬세함, 정서적인 면이 큰 장점이라는 것이다. 정말 매력 있는 여성은 어떤 정서를 가지고 있을까. 음악사를 연구하던 프랑스의 생 포아는 여성의 장점에 이것을 보태면 정말 매력 있는 존재가 될 것이라고 말했다.

"모든 기쁨에 미소를, 모든 슬픔에 눈물을, 모든 분노에 사랑을, 모든 비애에 위로를, 모든 허물에 용서를, 모든 불행에 기도를, 모든 희망에 격려를 가진 여성이 아름답다."

March 3/15

내가 산을 향하여 눈을 들리라 나의 도움이 어디서 올까 나의 도움은 천지를 지으신 여호와에게서로다 – 시 121:1~2

A song of ascents. I lift up my eyes to the hills--where does my help come from? My help comes from the LORD, the Maker of heaven and earth. (Ps 121:1~2)

* 희망의 노래

1955년 쉰 살이 넘은 여자 가수가 흑인으로서는 처음으로 메트로폴리탄에 출연하여 관중을 감동 속에 몰아넣는 노래를 불렀다. 필라델피아의 가난한 가정에서 태어난 이 '여왕'은 흑인에 대한 편견과 차별 속에 성장하면서도 언제나 희망을 잃지 않고 노래해 결국 세계 정상에 우뚝 섰다. 그녀의 이름은 마리아 앤더슨. 그녀는 그날 이렇게 말했다. "견디기 어려운 일을 만날 때마다 언제나 제 시선은 고난과 부활의 예수 그리스도께로 향했지요. 제 아픔은 오직 예수님만이 아십니다."

October 10/17

이 예언의 말씀을 읽는 자와 듣는 자와 그 가운데에 기록한 것을 지키는 자는 복이 있나니 때가 가까움이라

- 계 1:3

Blessed is the one who reads the words of this prophecy, and blessed are those who hear it and take to heart what is written in it, because the time is near. (Rev 1:3)

★ 한 알의 믿음에 대한 믿음

6.25 전쟁을 겪으면서 7남매를 훌륭하게 키운 어머니가 있다. 이 분이 정명훈, 정경화 등 세계적인 음악가를 길러낸 이원숙 여사다. 그녀는 말한다. "한 알의 밀이 썩을 때 많은 열매를 거둔다는 말씀을 믿어요. 자식을 위해 거름이 된 생애에 아무런 후회가 없습니다."

March 3/16

> 여호와여 아침에 주께서 나의 소리를 들으시리니 아침에 내가 주께 기도하고 바라리이다 – 시 5:3

In the morning, O LORD, you hear my voice; in the morning I lay my requests before you and wait in expectation. (Ps 5:3)

* 달리기 인생

오린 엘 크레인의 시 〈주여, 서두르지 않게 하소서〉 중 일부를 소개한다.

주여, 나로 하여금 서두르지 않게 하소서
마음의 평화를 주시사 물결처럼 요동하는 나의 마음을 잔잔하게 하소서
……

인생이라고 불리는 달리기 시합에서는
빠른 자가 항상 승리하는 것이 아니라는 것과
빠른 것보다 더 중요한 것이 있다는 사실을
날마다 잊지 않고 기억하게 하소서
높은 탑과 같이 치솟은 큰 떡갈나무를 보면서
천천히 서두르지 않고 잘 자랐기 때문에
이처럼 크고 튼튼하게 되었다는 사실을 깨닫게 하소서

October 10/16

오직 선행으로 하기를 원하노라 이것이 하나님을 경외한다 하는 자들에게 마땅한 것이니라 – 딤전 2:10

But with good deeds, appropriate for women who profess to worship God. (1Ti 2:10)

★ 올바른 정치

공자가 제나라에 갈 때 태산 옆을 지나게 되었는데 한 여인이 슬피 울고 있었다. 제자 자공을 시켜 그 이유를 알아보라고 했더니 자공이 돌아와 이렇게 말했다. "여인은 시아버지와 남편과 아들이 잇따라 범에 물려 죽는 불행을 당해 울고 있었습니다. 그런데 왜 이곳을 떠나지 않고 울기만 하느냐고 제자가 묻자 여인은 눈물을 닦으며 말했습니다. 이곳은 백성을 억압하는 정치가 없기 때문에 편하다는 것입니다."
공자는 자공에게 말했다. "소자야, 기록해 두어라. 가혹한 정치는 범보다 무섭다."

March 3/17

나의 하나님이 그리스도 예수 안에서
영광 가운데 그 풍성한 대로
너희 모든 쓸 것을 채우시리라 — 빌 4:19

And my God will meet all your needs according to his glorious riches in Christ Jesus. (Php 4:19)

★ 아버지의 황금 유산

고대 그리스의 이야기. 땅이 있어도 개간하지 않고 게으름만 피우는 두 아들을 둔 지주가 있었다. 아버지는 죽으면서 "황금을 주위 땅에 묻어 놓았으니 잘 살고 싶으면 땅을 파 그것을 캐내라." 고 유언했다. 아버지가 죽은 후 두 아들은 전에 볼 수 없을 정도로 성실하고 진지하게 땅을 파며 일했다. 그러나 황금은 없었다. 파놓은 땅이 아까워 두 아들은 거기에 곡식을 심었다. 추수기가 되었을 때 곡식이 익어 황금물결을 이루었다. 두 아들은 그제야 깨달았다. 성실로 얻은 열매가 황금인 것을.

October 10/15

악을 악으로, 욕을 욕으로 갚지 말고 도리어 복을 빌라 이를 위하여 너희가 부르심을 받았으니 이는 복을 이어받게 하려 하심이라 – 벧전 3:9

Do not repay evil with evil or insult with insult, but with blessing, because to this you were called so that you may inherit a blessing. (1Pe 3:9)

* 부귀, 권력의 텅 빈 인생

미국 대통령 조지 부시의 일등 참모였던 리엣 워터씨는 고속 신분상승에 하나님을 거부하고 살았다. 그러다 뇌암 진단을 받고 1년 동안의 투병생활 중 하나님을 믿게 되어 그동안 얼마나 텅 빈 인생을 살았나를 절감했다. 그는 "남보다 나은 부귀와 권력이 하나님 앞에서 무슨 가치가 있겠는가?"라며 세상을 떠났다.

March 3/18

믿음이 없이는 하나님을 기쁘시게 하지 못하나니 하나님께 나아가는 자는 반드시 그가 계신 것과 또한 그가 자기를 찾는 자들에게 상 주시는 이심을 믿어야 할지니라 – 히 11:6

And without faith it is impossible to please God, because anyone who comes to him must believe that he exists and that he rewards those who earnestly seek him. (Heb 11:6)

★ 절망의 뒷면

열 살 된 아들이 함께 놀아달라고 조르자, 아버지는 세계지도를 갈기갈기 찢어 던져주면서 "이 세계지도를 다 맞춰 놓으면 놀아주겠다."고 말했다. 아버지는 아들이 세계 지도를 다 맞추려면 적어도 5시간 이상 걸릴 것이라고 판단했다. 그러나 아들은 5분도 못 돼 싱글벙글하며 맞춘 지도를 가지고 왔다. 아버지가 놀라자 아들은 "아빠, 지도 뒷장에 큰 얼굴이 있어 그 얼굴을 보며 지도를 맞췄어요. 자, 이제 놀아주세요."라고 말했다. 우리는 이따금 세계지도처럼 복잡한 문제로 행복과 기쁨, 건강과 평안이 찢어져 도저히 '맞춰지지 않을 것' 같은 절망을 느낄 때가 있다. 그러나 문제의 뒷면에 있는 예수 그리스도와 그 말씀을 따르면 뜯겨져 나간 행복을 쉽게 조립할 수 있다.

October 10/14

내 영혼이 내 속에서 피곤할 때에
내가 여호와를 생각하였더니
내 기도가 주께 이르렀사오며
주의 성전에 미쳤나이다 – 욘 2:7

When my life was ebbing away, I remembered you, LORD, and my prayer rose to you, to your holy temple. (Jnh 2:7)

★ 길을 보여주는 기도

국가나 개인적으로 고난이 닥쳐올 때가 있다. 이런 때 기도는 보이지 않던 길을 보여준다. 제 2차 대전 때 영국은 기도로 승전의 기반을 잡았다. 뉴턴은 말한다. "망원경으로 평소 시계 불가능한 곳을 볼 수 있다. 무릎을 꿇은 채 간절히 기도하면 하나님의 나라를 볼 수 있을 것이다."

March 3/19

> 음행과 온갖 더러운 것과 탐욕은 너희 중에서 그 이름조차도 부르지 말라 이는 성도에게 마땅한 바니라 – 엡 5:3

But among you there must not be even a hint of sexual immorality, or of any kind of impurity, or of greed, because these are improper for God's holy people. (Eph 5:3)

✱ 악의 뿌리

사람의 이성을 흔드는 가장 강력한 무기는 돈이다. 1948년 미국의 아이젠하워가 참모총장 직에서 물러날 때 그는 아무 재산도 없었다. 심지어 자가용도 없었다. '청렴'과 '무욕'만이 값진 인생의 자산이었다. 돈 문제에 신중했던 그의 주변에는 청렴한 지도자들이 몰려들었고, 나중에 그는 미국 대통령에 당선됐다. 성경은 돈을 사랑하는 것이 모든 악의 뿌리라고 말한다. 뇌물을 따라다닌 사람들은 결국 치욕과 고통의 쓴잔을 마시게 된다.

October 10/13

애통하는 자는 복이 있나니
그들이 위로를 받을 것임이요 – 마 5:4

Blessed are those who mourn, for they will be comforted. (Mt 5:4)

★ 회개한 수인

한 주지사가 교도소를 방문하여 죄수들의 이야기를 들었다. 모두가 억울하다는 자기변명이었는데 그 중 한 사람은 달랐다. "나는 철저히 내 잘못을 뉘우치고 있으며 형기가 끝나면 이웃을 돕는 일로 내 죄를 참회하려 합니다." 주지사는 이 죄수의 가석방을 신청하였다.

March 3/20

영접하는 자 곧 그 이름을 믿는 자들에게는 하나님의 자녀가 되는 권세를 주셨으니 – 요 1:12

Yet to all who received him, to those who believed in his name, he gave the right to become children of God. (Jn 1:12)

＊ 진주보다 더 귀한 것

어느 사막의 둥근 천막에 두 명의 보석 상인이 들어섰다. 두 상인은 보석 소유에 대해 은근히 과시했다. 한 상인이 일부러 큰 진주 하나를 떨어뜨리자 그것을 주워 본 다른 상인이 "내가 가지고 있는 것 중 작은 일부에 지나지 않는다."고 말했다. 그때 아랍 유목민이 웃으며 말했다. "나 역시 당신들처럼 보석의 소유와 매매에 관심이 많았죠. 어느 날 사막 한가운데서 모래 바람을 만나 며칠 동안 먹지 못하고 탈진 상태에 빠져 있었습니다. 그러던 중 큰 주머니를 발견하고 혹시 음식이라도 들어있지 않을까 기대하며 열었는데 진주만 가득했습니다. 그 때의 절망감이란……."

October 10/12

그리하면 여호와 그가 네 앞에서 가시며 너와 함께 하사 너를 떠나지 아니하시며 버리지 아니하시리니 너는 두려워하지 말라 놀라지 말라 – 신 31:8

The LORD himself goes before you and will be with you; he will never leave you nor forsake you. Do not be afraid; do not be discouraged. (Dt 31:8)

★ 자립적 신앙

한 친구로부터 중매 부탁을 받았는데 결혼 조건이 '자기 신앙을 가진 청년'이었다. '자기 신앙'이란 자립적 신앙을 의미한다. 걸음마를 배우는 아이는 어머니의 손을 의지한다. 의지 없이 혼자 걸어갈 수 있는 성숙한 신앙이 자기 신앙이다.

March 3/21

볼지어다 내가 문 밖에 서서 두드리노니 누구든지 내 음성을 듣고 문을 열면 내가 그에게로 들어가 그와 더불어 먹고 그는 나와 더불어 먹으리라 - 계 3:20

Here I am! I stand at the door and knock. If anyone hears my voice and opens the door, I will come in and eat with him, and he with me. (Rev 3:20)

★ 손님을 거절한 사람의 후회

시카고에 사는 한 부자가 소아마비를 앓고 있는 아들을 고치기 위해 오스트리아의 전문의인 로렌즈 박사를 초빙했다. 로렌즈 박사가 정성스레 이 아들을 치료하여 건강이 회복되었다는 소식이 신문에 크게 보도되었다. 같은 마을에 사는 한 소년도 부잣집 아들과 같은 병을 앓고 있다가 신문을 보고 로렌즈 박사를 만나보기를 소원했으나 어려운 처지에 있어 포기해야 했다. 그 날 로렌즈 박사는 산책하다가 갑자기 비를 만나 이 소년의 집에 잠시 들러 쉬기를 청했는데 로렌즈 박사인 줄 몰랐던 소년의 어머니가 냉대하며 거절하여 병을 고칠 수 있는 절호의 기회를 놓치고 말았다. 나중에 이 어머니는 자신이 쫓아 보낸 사람이 로렌즈 박사였음을 알고 후회했으나 때는 이미 늦었다. 예수 그리스도께서 복음을 들고 오시는데 거절하는 사람이 얼마나 많은지.

October 10/11

우리가 다 실수가 많으니 만일 말에 실수가 없는 자라면 곧 온전한 사람이라 능히 온 몸도 굴레 씌우리라 – 약 3:2

We all stumble in many ways. If anyone is never at fault in what he says, he is a perfect man, able to keep his whole body in check. (Jas 3:2)

* 좋은 말 향기

어느 분이 독감을 앓으면서 기침을 심하게 한 후 성대에 물혹이 생겨 수술을 받았다. 수술 후 일주일 동안 말을 전혀 할 수 없었다. 그 다음부터 겨우 말하게 되었는데 그것도 노래를 부른다든지 큰 소리를 내는 것은 불가능했다. 이웃과 교제하기를 좋아하고 노래를 즐겨 불렀던 이 분은 '발성의 소중함'을 깨닫고 이렇게 말했다.

"침묵의 기간을 보내면서 남을 위한 말, 사랑의 말, 감사를 표현하는 말을 얼마나 했나 살펴보게 되었습니다. 말할 수 있을 때 그런 말을 실컷 하렵니다."

March 3/22

> 보라 하나님은 나의 구원이시라 내가 신뢰하고 두려움이 없으리니 주 여호와는 나의 힘이시며 나의 노래시며 나의 구원이심이라 – 사 12:2
>
> Surely God is my salvation; I will trust and not be afraid. The LORD, the LORD, is my strength and my song; he has become my salvation. (Is 12:2)

＊ 사인첩에 적힌 성구

세계적인 부흥사 무디의 오랜 친구 중에는 박선데일이라는 사람이 있었다. 무디와 박선데일은 서로 사명을 격려하며 복음사역에 주력했다. 어느 날 박선데일이 평소 소중하게 보관해 온 사인첩을 한 장 한 장 넘기다가 우연히 무디가 평소 애송하고 다급할 때 부르짖는 성구를 발견했다. 박선데일은 이 성구를 보며 큰 은혜를 받았다. 그것은 이사야 50장 7절의 말씀이었다. "주 여호와께서 나를 도우시므로 내가 부끄러워 아니하고 내 얼굴을 부싯돌 같이 굳게 하였은즉 내가 수치를 당치 아니할 줄 아노라"

October 10/10

마음의 즐거움은 얼굴을 빛나게 하여도 마음의 근심은 심령을 상하게 하느니라 – 잠 15:13

Happy heart makes the face cheerful, but heartache crushes the spirit. (Prov 15:13)

* 슬픔의 의미

노르웨이의 극작가 입센의 작품 가운데 나오는 이야기. 어떤 사람이 아름다운 노래를 불렀다. 그 노래는 단지 아름다운 노래가 아닌 영혼의 메시지를 담고 있어 듣는 사람의 심금을 울리기에 충분했다. 이 노래를 듣고 감동을 받은 한 사람이 노래를 부른 사람에게 "그 노래를 누가 가르쳐 주었습니까?"라고 물었다. 가수는 엷은 미소를 띠며 대답했다. "슬픔이 가르쳐 준 노래지요. 하나님께서 제게 슬픔을 보내셨는데 그 슬픔이 인생의 의미와 노래를 가르쳐 준 것이지요."

March 3/23

> 오직 하나님은 미쁘사 너희가 감당하지 못할 시험 당함을 허락하지 아니하시고 시험 당할 즈음에 또한 피할 길을 내사 너희로 능히 감당하게 하시느니라
>
> – 고전 10:13
>
> And God is faithful; he will not let you be tempted beyond what you can bear. But when you are tempted, he will also provide a way out so that you can stand up under it. (1Co 10:13)

★ 아픔 뒤 성숙

어떤 분이 대학졸업을 앞둔 아들을 익사사고로 잃었다. 군 전역 후 복학했던 아들이었다. 큰 아픔을 당하고 나니 고통을 당한 사람을 진실로 위로할 수 있게 되었다고 이분은 고백했다. 병실에 붙어 있는 기도문 가운데 "제가 아픔으로 다른 사람의 아픔을 알게 하시니 감사합니다."라는 말이 있다.

일본의 소설가 미우라 아야코의 글.

"병들지 않으면 드리지 못할 기도문이 있다. 병들지 않으면 믿을 수 없는 기적, 들을 수 없는 말이 있다. 병들지 않으면 우러러 볼 수 없는 얼굴이 있다."

October 10/9

너희가 내 안에 거하고 내 말이 너희 안에 거하면 무엇이든지 원하는 대로 구하라 그리하면 이루리라 – 요 15:7

If you remain in me and my words remain in you, ask whatever you wish, and it will be given you. (Jn 15:7)

★ 훌륭한 삶

오래 전 욕심이 많은 한 왕이 덕망 있는 학자를 불러 "어떻게 사는 것이 참되고 훌륭하게 사는 것입니까?"라고 물었다. 학자는 "너무 욕심 부리지 않고 착한 일을 많이 하는 겁니다."라고 대답했다. 너무 간단한 대답에 왕은 "아니, 그거야 세 살 먹은 아이도 다 아는 사실 아닙니까?"라고 말하며 피식 웃었다. 학자도 웃음을 띠며 말했다. "폐하, 세 살 먹은 아이도 다 아는 사실이지만 여든 살 된 노인이라도 제대로 실천하기는 아주 어려운 문제랍니다."

March 3/24

그가 우리를 흑암의 권세에서 건져내사 그의 사랑의 아들의 나라로 옮기셨으니 그 아들 안에서 우리가 속량 곧 죄 사함을 얻었도다 – 골 1:13~14

For he has rescued us from the dominion of darkness and brought us into the kingdom of the Son he loves, in whom we have redemption, the forgiveness of sins. (Col 1:13,14)

★ 거듭났을 때 삶은 빛난다

중국 내지선교의 개척자 허드슨 테일러 목사의 이야기다. 그가 중국에서 선교하고 있을 때 한 청년이 "신자가 되는 데는 몇 년이 걸립니까?"라고 물었다. 테일러 목사가 "램프의 심지에 얼마 동안 불을 붙여야 빛을 발합니까?"라고 반문하자 청년은 "그야 심지에 불이 붙는 순간부터 빛을 내지요."라고 대답했다. 테일러 목사는 청년의 손을 잡고 이렇게 말하였다.

"바로 그겁니다. 하나님께서 나를 부르시고 구원하셨다는 것을 깨닫는 순간, 새로운 삶의 빛이 그 영혼에서 타오르게 된답니다."

October 10/8

이 세상이나 세상에 있는 것들을 사랑하지 말라 누구든지 세상을 사랑하면 아버지의 사랑이 그 안에 있지 아니하니 – 요일 2:15

Do not love the world or anything in the world. If anyone loves the world, the love of the Father is not in him. (1Jn 2:15)

＊ 호사에 물들면 진리는 멀다

하나님을 간절히 만나기 원하는 한 부자가 큰 소리로 기도한 후 잠을 자다가 지붕에서 나는 소리를 듣고 고함을 쳤다. "동네 사람인데요, 낙타를 잃어버렸거든요." "바보 같으니라고. 지붕 위에서 낙타를 찾아?" '수상한 사람'은 부자의 말을 듣고 "바보라고요? 비단 잠옷에 황금 침대에 누워 하나님을 찾는 당신은 어떻고요?" 라고 대답했다. 놀란 부자가 깨어보니 꿈이었다. 다음날 그는 가난한 이웃에게 재물을 나눠주었다.

March 3/25

너희의 죄가 주홍 같을지라도 눈과 같이 희어질 것이요 진홍 같이 붉을지라도 양털 같이 희게 되리라 – 사 1:18

"Though your sins are like scarlet, they shall be as white as snow; though they are red as crimson, they shall be like wool. (Is 1:18)

★ 기쁨의 원천

1908년 영국 맨체스터에 있는 제임스 해밀턴 박사의 사무실로 수척한 모습의 환자가 찾아와 이렇게 말했다. "저는 우울증에 걸렸습니다. 고독과 공포 때문에 더 이상 살아갈 수 없습니다. 어디서도 행복과 기쁨을 찾을 수 없습니다. 박사님이 도와주시지 못하면 저는 죽을 것입니다." 듣고 있는 해밀턴 박사는 "당신은 매일의 생활로부터 한 번 벗어나는 것이 좋겠소. 당신에게는 웃음이 필요합니다. 당신에게 웃음을 줄 사람을 소개해 주겠소."라고 말했다. "그게 누굽니까?" "오늘밤 서커스에서 그리말다라는 광대의 연기를 보세요. 그가 당신에게 웃음을 선사할 것입니다." 이 말이 끝나자마자 '수척한 환자'가 말했다. "박사님! 내가 그리말다란 말입니다." 평안과 기쁨은 세상에서 구할 수 없다. 그것은 하나님의 은혜로써 가능하다.

October 10/7

사람아 주께서 선한 것이 무엇임을 네게 보이셨나니 여호와께서 네게 구하시는 것은 오직 정의를 행하며 인자를 사랑하며 겸손하게 네 하나님과 함께 행하는 것이 아니냐 – 미 6:8

He has showed you, O man, what is good. And what does the LORD require of you? To act justly and to love mercy and to walk humbly with your God. (Mic 6:8)

★ 내 뒤에는 하나님이 계시니까

어느 날 트루먼 대통령 기념 도서관에 갔을 때 한 아이가 물었다. "대통령께서는 어릴 때 인기가 많았있지요?" "정반대란다. 눈도 나쁘고 겁쟁이였지." "그런데 어떻게 대통령이 되셨어요?" 그 때 그는 "성경을 믿었지. 그래서 나는 포기하지 않고 끝까지 노력했다. 하나님이 내 등 뒤에 계시니까 말이다." 하며 자기의 등을 보였다.

March 3/26

> 너희가 자기를 위하여 공의를 심고 인애를 거두라 너희 묵은 땅을 기경하라 지금이 곧 여호와를 찾을 때니 마침내 여호와께서 오사 공의를 비처럼 너희에게 내리시리라 – 호 10:12
>
> Sow for yourselves righteousness, reap the fruit of unfailing love, and break up your unplowed ground; for it is time to seek the LORD, until he comes and showers righteousness on you. (Hos 10:12)

★ 사업의 흥망성쇠

어떤 장로의 간증이다. 이 장로가 제법 큰 사업을 하다 부도가 나 사업체가 무너지는 시련을 맞게 되었다. 사업이 망하자 그렇게 찾아오던 사람들의 발걸음이 뚝 끊겼고 친지들의 방문도 끊겼다.

이 장로는 좌절감과 배신감을 안고 기도원에 올라가 금식기도를 했는데 이때 전에 느낄 수 없었던 큰 은혜를 받고 내려와 사업을 재개, 다시 크게 일으켰다. 이 장로는 이렇게 술회했다. "고난을 받고 크게 깨달은 것이 있습니다. 세상과 사람들로부터 멀어지면 하나님과는 가까워진다는 섭리였습니다."

October 10/6

★ '겉'보다 소중한 '속'

공자가 제자들과 한 오두막집에서 쉬게 되었다. 주인은 콧물을 들이마셔 가며 좁쌀죽을 끓여 이 빠진 그릇에 담아 대접했다. 제자들은 불결하여 먹지 못했으나 공자는 맛있게 먹었다. 후에 제자가 비결을 묻자 공자는 "너희는 주인의 콧물만 보고 성의와 친절은 보지 못했다."라고 대답했다.

내가 보는 것은 사람과 같지 아니하니 사람은 외모를 보거니와 나 여호와는 중심을 보느니라 하시더라 – 삼상 16:7

The LORD does not look at the things man looks at. Man looks at the outward appearance, but the LORD looks at the heart." (1Sa 16:7)

March 3/27

경건의 모양은 있으나 경건의 능력은 부인하니 이같은 자들에게서 네가 돌아서라 – 딤후 3:5

Having a form of godliness but denying its power. Have nothing to do with them. (2Ti 3:5)

★ 겉보다 중요한 속

3년 동안 계속 프랑스 국립미술전문학교에 응시했다가 낙방한 젊은이가 있었다. 젊은이는 호구지책으로 은세공을 하며 지냈는데 어느 날 동료가 "눈에 보이는 나뭇잎만 만들려 하지 말고 내면을 보게."라고 충고했다. 동료의 말을 듣고 다시 작업하자 모형 나뭇잎은 생생하게 살아있는 듯 보였다. 젊은이는 이때부터 '표피적'이 아닌 '근원적'인 것을 탐색, 1880년 '청동시대'란 조각품으로 미술계에 데뷔했다. 24년 후 이 젊은이는 불후의 명작 '생각하는 사람'을 조각했다. 이는 바로 로댕의 이야기다.

October 10/5

주여 형제가 내게 죄를 범하면 몇 번이나 용서하여 주리이까 일곱 번까지 하오리이까 예수께서 이르시되 네게 이르노니 일곱 번뿐 아니라 일곱 번을 일흔 번까지라도 할지니라 – 마 18:21~22

"Lord, how many times shall I forgive my brother when he sins against me? Up to seven times?" Jesus answered, "I tell you, not seven times, but seventy-seven times." (Mt 18:21~22)

★ 내가 먼저 움직여야

미국 만화 가운데 어느 부부가 자동차를 타고 간다. 그런데 남편이 앉은 운전대로부터 부인이 멀리 떨어져 있다. 부인이 말하길 "우리가 젊어서는 바짝 붙어 앉았었는데 이렇게 간격이 벌어진 이유가 뭐죠?" 남편이 말했다. "난들 알 수가 있소? 젊어서나 지금이나 내가 앉아 있는 운전석은 한 번도 움직인 일이 없지 않소?"

March 3/28

> 너희가 기도할 때에 무엇이든지 믿고 구하는 것은 다 받으리라 하시니라 – 마 21:22

If you believe, you will receive whatever you ask for in prayer. (Mt 21:22)

★ 기도의 기적

김준곤 목사의 '기도의 능력'에 대한 칼럼 중 일부.

일본의 어느 마을엔 한 기독교인이 천 그루 정도의 과수를 가꾸고 있었다. 열매가 맺힐 무렵, 이상한 벌레들이 생기기 시작하더니 약을 치고 잡아도 날마다 기승을 부렸다. 이분은 철야기도를 했다. 가족도 다 모여 벌레가 없어지게 해달라고 간절히 기도했다. 그러던 어느 날 새벽, 수백 마리의 이상한 새떼들이 몰려오더니 한 나무에 하나씩 붙어 한시간만에 벌레를 전부 쪼아 먹어버려 나무들이 깨끗해졌다고 한다.

October 10/4

오직 위로부터 난 지혜는 첫째 성결하고 다음에 화평하고 관용하고 양순하며 긍휼과 선한 열매가 가득하고 편견과 거짓이 없나니 – 약 3:17

But the wisdom that comes from heaven is first of all pure; then peace-loving, considerate, submissive, full of mercy and good fruit, impartial and sincere. (Jas 3:17)

★ 인간이 받은 선물, '지혜'

고대 전설 한 토막. 신이 세상을 창조한 후 짐승들에게 선물을 하나씩 주었다. 날짐승은 날개를 들짐승은 강한 발톱을 주었다. 이를 본 사람은 신에게 "왜 저는 아무것도 안 주십니까?"라고 항의했다.

그러자 창조주는 웃으며 "눈에 보이지 않는 마음으로, 날개 가진 짐승보다 높이 날고 뿔 가진 짐승보다 강한 힘을 발휘할 수 있는 지혜를 주었잖니?"라고 하였다.

March 3/29

형제들아 너희가 자유를 위하여 부르심을 입었으나 그러나 그 자유로 육체의 기회를 삼지 말고 오직 사랑으로 서로 종 노릇 하라 – 갈 5:13

You, my brothers, were called to be free. But do not use your freedom to indulge the sinful nature; rather, serve one another in love. (Gal 5:13)

★ 지독한 사랑

1963년 30대 중반의 흑인 침례교 목사 마틴 루터 킹은 워싱턴에서 인종차별을 반대하는 시위를 벌이다 체포됐다. 그를 수감시키던 백인 한 명이 "수감생활이 두렵지 않소? 또 우리가 밉지 않소?" 라고 물었다. 킹 목사는 웃으며 말했다. "나를 괴롭히는 당신들의 힘이 더 센가, 당신들을 사랑하는 나의 힘이 더 센가 내기해 봅시다. 나를 감옥에 넣으시오. 그래도 당신들을 사랑할 것이오. 나의 집을 파괴하고 나의 가족을 위협해 보시오. 그래도 나는 당신들을 사랑할 것입니다."

October 10/3

너는 구제할 때에 오른손이 하는 것을 왼손이 모르게 하여 네 구제함을 은밀하게 하라 은밀한 중에 보시는 너의 아버지께서 갚으시리라 – 마 6:3~4

But when you give to the needy, do not let your left hand know what your right hand is doing, so that your giving may be in secret. Then your Father, who sees what is done in secret, will reward you. (Mt 6:3~4)

★ 베풂으로 찾아지는 행복

한 거지가 길가에서 구걸하고 있었다. 어느 날 왕이 평민으로 가장하고 민정시찰을 다니다가 거지를 만나 내게 줄 것이 있냐고 물었다. 거지는 자루에서 쌀 한 톨을 꺼내 주었다. 왕도 뭔가를 꺼내 거지의 자루에 넣어 주었다. 저녁이 되어 자루 속을 본 거지는 깜짝 놀랐다. 거기에는 금 한 톨이 있었기 때문이다. 거지는 탄식하며 말했다.
"더 많이 드릴 걸."

March 3/30

예수께서 이르시되 할 수 있거든이 무슨 말이냐 믿는 자에게는 능히 하지 못할 일이 없느니라 하시니 – 막 9:23

"'If you can'?" said Jesus. "Everything is possible for him who believes." (Mk 9:23)

★ 정신력 승리

헬렌 켈러는 보고 듣고 말하지 못한 장애인이었다. 그러나 늘 감사하며 살았다. 한 번은 정원을 거닐다가 행복한 표정을 지으며 감격해하기에 주위 사람들이 손바닥에 글로 써서 물으니 그녀는 수화로 "신선한 공기를 들이마실 때마다 향기가 얼마나 좋은지 모릅니다. 참으로 감사한 일이지요."라고 대답했다. 그녀는 영국 글래스고 대학에서 박사학위를 받았는데 그때 통역인을 통해 이렇게 연설하여 청중을 감동시켰다.

"암흑과 침묵도 전진하려고 하는 저의 정신력을 결코 막을 수 없습니다."

October 10/2

하나님은 한 분이시요 또 하나님과 사람 사이에 중보자도 한 분이시니 곧 사람이신 그리스도 예수라 – 딤전 2:5

For there is one God and one mediator between God and men, the man Christ Jesus. (1Ti 2:5)

★ 깊은 데 계신 그리스도

이탈리아 제노바에 있는 예수 상은 8톤이나 되는 거대한 동상인데 높은 언덕에 세우지 않고 가장 낮은 장소에 세워져 있다.
이것은 높이 선 예수가 아니라 깊은 데서 내려오셔서 우리와 함께 울고, 고통당하시고, 짐을 지시는 그리스도임을 나타낸 것이다.

March 3/31

예수께서 이르시되 나는 생명의 떡이니 내게 오는 자는 결코 주리지 아니할 터이요 나를 믿는 자는 영원히 목마르지 아니하리라 - 요 6:35

Then Jesus declared, "I am the bread of life. He who comes to me will never go hungry, and he who believes in me will never be thirsty." (Jn 6:35)

★ 인생의 참된 동업자

비누와 양초를 만드는 일을 하던 한 젊은이가 산전수전을 다 겪은 노인에게 "이제 성년이 된 제가 인생을 개척하려 하는데 무엇을 했으면 좋겠습니까?"라고 물었다. 노인은 "비누와 양초 만드는 일을 하거라. 그러나 반드시 이것을 기억해라. 주님을 동업자로 모셔라. 그리고 수입에서 10분의 1은 그분께 드려라. 인생의 주인은 네가 아니라 주님이시다."라고 말했다. 젊은이는 노인의 충고대로 했고 후에 세계적인 거부가 되었다. 그가 바로 콜게이트 상표의 창설자 윌리엄 콜게이트다.

October 10/1

여호와께서 집을 세우지 아니하시면 세우는 자의 수고가 헛되며 여호와께서 성을 지키지 아니하시면 파수꾼의 깨어 있음이 헛되도다 – 시 127:1

Unless the LORD builds the house, its builders labor in vain. Unless the LORD watches over the city, the watchmen stand guard in vain. (Ps 127:1)

★ 킹 목사의 품성

마틴 루터 킹 목사는 설교 중에 이런 말을 했다. "세상에 조금 알려졌다고 나를 성자나 위인으로 생각하지 마십시오. 나는 죄인입니다. 그러나 좋은 인간이 되려고 애씁니다. 어느 날 하나님께서는 '너는 최선을 다했다.'라고 말씀해 주실 것을 바라고 있습니다."

내면의 아름다움

데일 에반스 로저스

위대한 도공이신 하나님께서는 그의 목적에 맞도록 우리를 빚으신다. 이는 우리로 하여금 스스로의 아름다움, 지적인 능력, 학력과 업적 등을 자랑하지 못하게 하기 위해서다. 우리의 모습이 세상에 드러날 때 그것을 지켜보는 이들로 하여금 우리 자신보다는 우리를 통해서 일하시는 하나님의 능력을 보고 그에게 찬양을 드리게 하기 위해서인 것이다.

제2차 세계대전 당시에 나는 마음이 올바르기만 하다면, 외양이라는 것이 얼마나 대수롭지 않은가 하는 것에 대하여 큰 경험을 하였다. 시카고에서 캘리포니아로 가는 비행기에서 내 옆에 루즈벨트 대통령의 부인인 엘리노어 루즈벨트 여사가 자리하게 되었다. 헐리우드의 영향을 너무 많이 받은 탓에 그녀를 처음 보자, 너무 못생겼다는 생각을 했다. 나와 그녀는 대화를 시작했고 그녀는 내게 여러 가지 궁금한 것들에 관하여 묻기 시작했다. 우리가 대화하는 동안 나를 응시하던 그녀의 눈빛이 너무도 따사롭고 관심 어린 애정으로 가득 차 있어서 나는 나도 모르는 사이에 그 눈빛에 압도당했다.

그녀의 부드러움과 타인에 대한 진정한 관심이 그대로 나에게 전해졌기 때문이다. 이제 그녀는 더 이상 "매력 없는 못 생긴 여자"가 아니었다.

그 때 마침 나는 기도서를 읽고 있었기에 그 책 속표지에 그녀의 싸인을 요청했다. 이렇게 해서 그녀는 내가 평생 싸인을 요청했던 두 사람 중의 하나가 되었다.

『도공의 손에』 중에서

소박한 믿음을 요구하시는 하나님

찰스 R. 스윈돌

소박한 믿음을 요구하시는 하나님

하나님은 단순한 것을 좋아하신다.

하나님은 최고의 외적인 겉치레를 구하지 않는다. 하나님은 매끄러운 소문내는 일을 요구하지 않는다. 하나님은 사실 희생적인 엄청난 영웅적 행위를 기대하지 않는다.

소모적인 활동들로 가득한 일정표, 계속되는 수많은 교회 모임들, 가장 미개하고 원시적인 부족들에게나 있음직한 대규모의 성전, 헌당식들.

이제 그만두자!

신앙이라는 게시판 위의 세 칸을 잘 살펴보라. 하나님이 단순하게 말씀하신 것을 얼마나 당신이 복잡하게 만들었는지 반추해보라. 무엇이 필요한가?

천천히 다음의 글을 큰소리로 읽어보라:

공의를 행하며,
사랑을 실천하며,
겸손히 그대의 하나님과 동행하라.
이상.

『단순한 믿음』 중에서

April 4/1

사람의 마음에는 많은 계획이 있어도 오직 여호와의 뜻만이 완전히 서리라

– 잠 19:21

Many are the plans in a man's heart, but it is the LORD'S purpose that prevails. (Prov 19:21)

★ 거인이 가지고 온 것

어떤 사람이 바닷가를 거닐다가 알라딘의 요술램프를 주웠다. 이 사람이 램프를 문지르자 곧 연기와 함께 거인이 나타났다. 거인은 "주인님, 소원이 무엇입니까? 다 들어드리겠습니다. 그런데 단 한 가지만 남아 있음을 알려드립니다."라고 말했다. 이 사람은 생각하다가 '1년 후의 신문'을 가져오라고 말했다. 주식시장의 주가를 미리 알면 전 재산을 투자해 거부가 되겠다는 탐욕에서였다. 거인은 즉시 1년 후의 신문을 가져왔다. 이 사람은 급히 주식표를 찾았다. 그러다 우연히 부고(訃告)란을 보게 되었는데 놀랍게도 거기에 자신의 사망 소식과 함께 장례식 날짜와 시간이 적혀 있었다.

September 9/30

그러므로 하나님의 능하신 손 아래에서 겸손하라 때가 되면 너희를 높이시리라 – 벧전 5:6

Humble yourselves, therefore, under God's mighty hand, that he may lift you up in due time. (1Pe 5:6)

★ 겸손이 그린 '모나리자 미소'

1500년경 이탈리아의 밀라노. 매우 신비로운 미소를 띤 여인이 도시에서 이름난 화가를 어렵게 만나 초상화를 그려달라고 부탁했다. 화가는 바쁘다며 거만하게 거절했다. 그리고 길 건너에 일거리가 필요한 초라한 화가를 소개해 주었다. 일거리가 필요한 화가는 레오나르도 다빈치였고 여인은 바로 모나리자였다.

April 4/2

청년이 무엇으로 그의 행실을 깨끗하게 하리이까 주의 말씀만 지킬 따름이니이다 – 시 119:9

How can a young man keep his way pure? By living according to your word. (Ps 119:9)

★ 거북이 크리스천

미국 농담에 '거북이 교인'이란 말이 있다.
새는 9일간 먹지 않고 살 수 있다.
사람은 12일간이고
개는 20일간 견딜 수 있다.
그런데 거북이는 500일을 먹지 않아도 살고
뱀은 800일을 견딘다.
그래서 참다운 양식인 하나님의 말씀 없이 사는 신자를 '거북이 교인'이라고 부른다.

September 9/29

이같이 너희 빛이 사람 앞에 비치게 하여 그들로 너희 착한 행실을 보고 하늘에 계신 너희 아버지께 영광을 돌리게 하라 – 마 5:16

In the same way, let your light shine before men, that they may see your good deeds and praise your Father in heaven. (Mt 5:16)

✱ 선행과 방관의 결과

나무꾼들이 산에서 함정에 빠진 사람을 발견했다. 착한 나무꾼이 동료들에게 구해주자고 했으나 모두 바쁘다며 자리를 떠났다. 착한 나무꾼은 목숨을 걸고 그 사람을 구했는데 알고 보니 그 나라의 왕자였다. 왕이 착한 나무꾼에게 큰 상을 내릴 때 동료들은 또 보고만 있어야 했다.

April 4/3

사람이 마음으로 믿어
의에 이르고
입으로 시인하여 구원에 이르느니라

- 롬 10:10

For it is with your heart that you believe and are justified, and it is with your mouth that you confess and are saved. (Ro 10:10)

＊ 엇갈린 운명

미국에서 남북전쟁이 끝난 후 두 병사가 고향으로 가다 언덕에 있는 교회를 발견했다. 한 병사는 교회에 들어가 감사기도를 드리자고 했고, 한 병사는 술이나 마시러 가자고 했다. 몇 십 년이 흐른 후 술을 마시자고 한 병사는 알코올 중독으로 범죄자가 되어 교도소에 들어갔는데, 어느 날 신문을 보다 깜짝 놀랐다. 그것은 미국의 22대 대통령에 클리블런드가 당선되었다는 기사였다. 클리블런드는 전쟁 후 자신과 함께 고향으로 가던 도중 교회에 가자고 했던 전우였기 때문이었다. 신앙이 두 사람의 운명을 갈라놓았던 것이다. 경건한 마음을 갖느냐 마느냐가 일생의 흐름을 바꾸어 놓는다.

September 9/28

여호와의 눈은 온 땅을 두루 감찰하사 전심으로 자기에게 향하는 자들을 위하여 능력을 베푸시나니 – 대하 16:9

For the eyes of the LORD range throughout the earth to strengthen those whose hearts are fully committed to him. (2Ch 16:9)

* 하늘의 음성

버나드 쇼의 명작, 희곡 〈성 조안〉은 잔 다르크의 이야기를 각색한 것인데 이런 대사가 나온다. 찰스 왕이 잔다르크에게 자기에겐 하늘의 소리가 안 들린다고 하자 잔다르크가 말한다. "들려요, 천사가 종을 울려도 임금님은 마음 문을 닫고 계시기 때문에 들리지 않습니다. 기도하세요. 그러면 저처럼 하늘의 음성을 들으실 것입니다."

April 4/4

만일 우리가 우리 죄를 자백하면 그는 미쁘시고 의로우사 우리 죄를 사하시며 우리를 모든 불의에서 깨끗하게 하실 것이요 – 요일 1:9

If we confess our sins, he is faithful and just and will forgive us our sins and purify us from all unrighteousness. (1Jn 1:9)

✻ 회개의 긴박성

예수님은 회개의 긴박성에 대해 노아의 때를 인용하셨다. 즉 물질적 쾌락과 인간적 행복 추구에 온 정신이 팔려서 자신의 죄를 자각하지 못하며 자신에게 임할 심판을 자각하지 못하고 대 연회장에서 쾌락에 취해있을 때, 갑자기 멸망이 왔던 것이다.

September 9/27

내 계명은 곧
내가 너희를 사랑한 것 같이
너희도 서로 사랑하라 하는
이것이니라 – 요 15:12

My command is this: Love each other as I have loved you. (Jn 15:12)

★ 사랑의 소중함과 행복

옛날 영국에 곡식을 빻으며 행복하게 사는 사람이 있었다. 그의 행복한 삶은 소문으로 퍼져 국왕의 귀에까지 들어갔다. 국왕은 신하와 함께 그를 찾아가 행복의 비결을 물었다. 그는 겨우 대답했다. "저는 아내와 자식들, 친구를 사랑해요. 그리고 그들도 저를 사랑합니다. 그저 이것뿐이에요."

April 4/5

너희가 어찌하여 양식이 아닌 것을 위하여 은을 달아 주며 배부르게 하지 못할 것을 위하여 수고하느냐 내게 듣고 들을지어다 그리하면 너희가 좋은 것을 먹을 것이며 너희 자신들이 기름진 것으로 즐거움을 얻으리라 – 사 55:2

Why spend money on what is not bread, and your labor on what does not satisfy? Listen, listen to me, and eat what is good, and your soul will delight in the richest of fare. (Is 55:2)

★ 만족 결핍증

현대인들은 만족 결핍증을 앓고 있다. 인생의 진정한 만족은 술이나 향락, 과도한 소유에 있지 않다. 미국의 작가 게일 훼일은 〈통로를 찾는 사람들〉이란 글에서 참 만족을 갖고 사는 사람들의 조건에 관해 다음과 같이 말했다.

"삶과 뜻에 분명한 방향을 가진 사람, 허무와 실망에 매이지 않는 사람, 앞날의 계획을 믿음과 용기로 성취하는 사람, 누군가를 무척 사랑하는 사람, 신뢰할 친구가 많은 사람, 낙천적이고 비밀이 없는 사람, 자기 비평에 신경 쓰지 않는 사람, 큰 두려움이 없는 사람."

September 9/26

내 영혼아 네가 어찌하여 낙심하며 어찌하여 내 속에서 불안해 하는가 너는 하나님께 소망을 두라 그가 나타나 도우심으로 말미암아 내 하나님을 여전히 찬송하리로다 – 시 43:5

Why are you downcast, O my soul? Why so disturbed within me? Put your hope in God, for I will yet praise him, my Savior and my God. (Ps 43:5)

★ 고립의 교훈

원숭이들이 자기 무리의 수가 늘어나자 생존 전략을 짰다. 한 원숭이가 외부의 공격을 막기 위해 성을 만들자고 했다. 원숭이 추장은 '기가 막힌 제안'이라고 하면서 원숭이들을 모아 당장 성을 쌓게 했다. 그런데 어느 날 외지에서 온 현명한 원숭이가 이렇게 말해 성 쌓기는 취소됐다.

"이건 하나만 생각한 처사요. 성을 쌓으면 한두 마리의 맹수 공격은 막을 수 있겠지요. 그러나 성안에 있으면 사람들에게 한꺼번에 다 잡아갈 수 있는 기회를 주고 말 것입니다. 고립은 자살입니다."

April 4/6

새 계명을 너희에게 주노니 서로 사랑하라 내가 너희를 사랑한 것 같이 너희도 서로 사랑하라 - 요 13:34

A new command I give you: Love one another. As I have loved you, so you must love one another. (Jn 13:34)

★ 지고의 사랑

1738년 남이탈리아 캄파니아에 있는 폼페이에 발굴 작업이 있었다. 폼페이가 화산폭발로 매몰된 것은 AD 79년의 일이었다. 발굴단은 작업 도중 비참했던 모습들 중 눈물겨운 화석을 볼 수 있었다. 그것은 오른팔에 아기를 꼭 껴안은 어머니의 모습이었다. 도시 전체가 용암에 덮여 아비규환을 이루고 있을 때 어머니는 아기를 꼭 껴안고 있었던 것이다. 누군가 이 모습을 보고 다음과 같은 성구를 적어 놓았다.

"사랑은 언제까지든지 떨어지지 아니하나……" (고전13:8)

September 9/25

내가 복음을 부끄러워하지 아니하노니 이 복음은 모든 믿는 자에게 구원을 주시는 하나님의 능력이 됨이라

- 롬 1:16

I am not ashamed of the gospel, because it is the power of God for the salvation of everyone who believes. (Ro 1:16)

★ 공포로부터의 해방

독일이 영국을 공격했을 때 사람들은 공포에 떨었다. 베이리 목사는 친구의 집에서 열 살 난 친구의 딸이 편히 자는 것을 보고 놀랐다. 이튿날 소녀에게 "너는 금세 잠들던데 무섭지 않더냐?"라고 물었다. 소녀는 밝게 대답했다. "하나님이 깨어 계시는데 둘 다 깨어 있을 필요가 있나요?"

April 4/7

구제를 좋아하는 자는 풍족하여질 것이요 남을 윤택하게 하는 자는 자기도 윤택하여지리라 – 잠 11:25

A generous man will prosper; he who refreshes others will himself be refreshed. (Prov 11:25)

* 사랑이란

인도 캘커타의 빈민가에 테레사 수녀가 운영하는 사랑의 집이 있다. 이곳엔 남에게 걸식조차 못하는 절대빈곤의 행려병자들의 수용되어 있다. 어느 날 사랑의 집에 설탕이 떨어졌다는 소문이 퍼졌다. 이를 안 한 소년이 그 날 저녁 어머니에게 "어머니 오늘부터 사흘 동안 전 설탕을 먹지 않겠습니다. 대신 사흘 분의 설탕을 주세요."라고 말한 후 그 설탕을 사랑의 집에 갖고 갔다. 소년을 만난 테레사 수녀는 이렇게 말했다. "사랑이란 한 소년이 사랑의 집에 들고 오는 사흘 분의 설탕입니다."

September 9/24

고난 당한 것이 내게 유익이라
이로 말미암아 내가 주의 율례들을
배우게 되었나이다 – 시 119:71

It was good for me to be afflicted so that I might learn your decrees.
(Ps 119:71)

* 감옥에서의 저술

영국의 월터 렐라이 경은 엘리자베스 여왕이 죽었을 때 입궁하지 않았다는 죄명 때문에 13년간이나 런던탑에 갇혀 수감생활을 했다. 그러나 그는 마음까지 수감되지는 않았다. 오히려 그는 역경을 기회로 삼고 저술활동을 펴 오늘날까지 불후의 명작으로 남은 세계사를 집필하게 되었던 것이다. 신약성경에서 빛나는 사도 바울의 책들을 보라. 대부분 감옥에서 쓰인 것들이다.

April 4/8

내 형제들아 너희가 여러 가지 시험을 당하거든 온전히 기쁘게 여기라 이는 너희 믿음의 시련이 인내를 만들어 내는 줄 너희가 앎이라 – 약 1:2~3

Consider it pure joy, my brothers, whenever you face trials of many kinds, because you know that the testing of your faith develops perseverance. (Jas 1:2~3)

* 두려움 없는 고난

고대 그리스의 철학자 소크라테스는 '신념을 가진 사람이 당하는 고난'을 두려워하지 않았다.

어느 날 그가 누명을 쓰고 감옥에 갇혔을 때 제자들이 찾아와 통곡하면서 "스승님, 이게 웬일입니까? 스승님은 아무런 죄를 짓지 않으셨는데 이렇게 감옥에 갇히셔야 하다니요. 이런 원통한 일이 어디 있습니까?"라고 말했다. 그러나 소크라테스는 웃으면서 제자들을 달랬다. "그러면 너희는 내가 꼭 죄를 짓고 감옥에 들어와야 속이 시원하겠느냐?"

September 9/23

하나님의 뜻대로 하는 근심은 후회할 것이 없는 구원에 이르게 하는 회개를 이루는 것이요 세상 근심은 사망을 이루는 것이니라 – 고후 7:10

Godly sorrow brings repentance that leads to salvation and leaves no regret, but worldly sorrow brings death. (2Co 7:10)

★ 근심을 구원하는 믿음

1855년 아일랜드 청년이 결혼식 전날 익사사고로 신부를 잃었다. 그는 실의의 날을 보내다가 하나님께서 독생자를 잃고 구원을 이루셨으니 상실을 믿음으로 이겨야 한다고 생각하고 재기했다. 청년은 이 믿음의 고백을 시로 썼다. 이 시가 찬송가 487장이며 그의 이름은 조셉 스크리븐이다.

April **4/9**

구하라 그리하면 너희에게 주실 것이요
찾으라 그리하면 찾아낼 것이요
문을 두드리라
그리하면 너희에게 열릴 것이니 – 마 7:7

Ask and it will be given to you; seek and you will find; knock and the door will be opened to you. (Mt 7:7)

★ 알맞은 때에 알맞은 일

한 수도사가 감람나무 묘목을 심고 "주여, 비를 내려 주옵소서."라고 기도를 했다. 그러자 즉시 이슬비가 내렸다. 수도사는 계속 햇빛과 서리와 바람을 요구했고, 그것은 곧 실현됐다. 그런데 묘목이 자라지 않고 시들자 수도사는 감람나무를 잘 키운다는 수도사를 찾아 상담했다. 그 때 이 수도사는 이렇게 충고했다. "나무가 언제 무엇이 필요한지 가장 잘 아시는 분은 하나님이시네. 나는 이렇게 기도하지. 주여, 나무가 필요로 하는 것을 알맞은 때 알맞게 주십시오."

September 9/22

모든 육체는 풀과 같고 그 모든 영광은 풀의 꽃과 같으니 풀은 마르고 꽃은 떨어지되 오직 주의 말씀은 세세토록 있도다 하였으니 – 벧전 1:24~25

"All men are like grass, and all their glory is like the flowers of the field; the grass withers and the flowers fall, but the word of the Lord stands forever." And this is the word that was preached to you. (1Pe 1:24~25)

✻ 무한한 금광

링컨 대통령은 하나님이 주신 최대의 선물은 성경이라고 말했다. 그는 바쁜 와중에도 매일 성경을 읽었다. 성경을 매일 읽은 미국 대통령 중에 존 퀸시 아담스는 "성경은 지식과 덕의 무한한 금광이다"라고 고백했다.

April 4/10

> 사람마다 듣기는 속히 하고 말하기는 더디 하며 성내기도 더디 하라 사람이 성내는 것이 하나님의 의를 이루지 못함이라 – 약 1:19~20
>
> Everyone should be quick to listen, slow to speak and slow to become angry, for man's anger does not bring about the righteous life that God desires. (Jas 1:19~20)

* 침묵의 소리

자기만 알던 한 남편이 결혼생활에 위기가 다가오자 목회자를 찾아가 상담했다. 목회자는 남편에게 원인이 있다고 판단하고 "일주일간 아무 소리 말고 부인이 하는 말에 귀를 기울이시오."라고 일러주었다. 남편은 일주일 동안 부인의 말을 경청했다. 그러자 그동안 자신이 얼마나 독선적이었던가를 깨달았다. 일주일 후 남편이 목회자를 찾아가자 목회자가 말했다. "이번엔 일주일 동안 부인의 침묵에 귀를 기울이시오. 침묵의 소리가 들리면 부부관계가 좋아질 것입니다."

September 9/21

너는 진리의 말씀을 옳게 분별하며 부끄러울 것이 없는 일꾼으로 인정된 자로 자신을 하나님 앞에 드리기를 힘쓰라 – 딤후 2:15

Do your best to present yourself to God as one approved, a workman who does not need to be ashamed and who correctly handles the word of truth. (2Ti 2:15)

★ 어느 사형수의 이야기

찬송과 사화에 유명한 이야기가 있다. 일본에 이시가와란 사형수가 있었다. 그는 사람을 죽인 강도로 감옥에서 신앙을 갖게 되었다. 그는 사형대를 향해 가며 "내 주를 가까이 하게 함은 십자가 짐 같은 고생이나 내 평생 소원은 주 찬송하면서 주께 더 나가기 원합니다."를 힘차게 부르며 교수대의 이슬로 사라졌다.

April 4/11

오직 너희를 부르신 거룩한 이처럼 너희도 모든 행실에 거룩한 자가 되라 기록되었으되 내가 거룩하니 너희도 거룩할지어다 하셨느니라 – 벧전 1:15~16

But just as he who called you is holy, so be holy in all you do; for it is written: "Be holy, because I am holy." (1Pe 1:15~16)

★ 바닷속에서 회복된 진주

조지 헨더슨이란 잠수부의 고백이다. "나는 몇 년 전 이상한 주문을 받았다. 진주를 새장에 담아 수심 8미터 이상의 깊은 바다 속 바위에 견고하게 세워달라는 주문이었다. 이 진주는 레이너 공작부인의 소유로 병이 들어 영롱한 빛을 잃어가고 있었다. 이를 본 전문가들은 진주가 다시 영롱한 광채를 얻으려면 깊은 바다 속에 두어야 한다고 말했던 것이다. 최근 계약에 따라 그 진주를 꺼내 주인에게 돌려주었는데 희한하게도 진주는 전보다 더 영롱한 빛을 발하고 있었다."

크리스쳔은 보배롭고 존귀한 백성이다. 그러나 이따금 죄와 탐욕으로 광채를 잃고 병들 때가 있다. 그럴 때 성경을 통해 은혜의 바닷속에 깊이 들어가야 한다. 그러면 다시 광채를 회복할 수 있다.

September 9/20

만일 음식으로 말미암아 네 형제가 근심하게 되면 이는 네가 사랑으로 행하지 아니함이라 그리스도께서 대신하여 죽으신 형제를 네 음식으로 망하게 하지 말라 – 롬 14:15

If your brother is distressed because of what you eat, you are no longer acting in love. Do not by your eating destroy your brother for whom Christ died. (Ro 14:15)

★ 사랑받은 소년의 변화

일찍 부모를 여읜 어린이가 있었다. 이 아이는 말썽만 피우는 구제불능이란 말을 들었다. 한 크리스천이 이 아이를 사랑하여 두 번씩 옷을 사 주었으나 아이는 다 찢어버렸다. 그러다 세 번째 옷을 받고 사랑에 감동하여 교회에 나와 신앙을 키웠다.

이 아이가 바로 중국 선교 개척에 공을 세운 목사 R. 모리슨이다.

April 4/12

만일 한 지체가 고통을 받으면 모든 지체가 함께 고통을 받고 한 지체가 영광을 얻으면 모든 지체가 함께 즐거워하느니라 — 고전 12:26

If one part suffers, every part suffers with it; if one part is honored, every part rejoices with it. (1Co 12:26)

＊ 장미는 가지 쳐야 좋아져

어떤 사업가가 장미화원을 잘 가꾼 한 가정을 방문하게 되었다. 이 가정의 주인은 사업가를 정원으로 데리고 나가 백장미, 흑장미, 노란 장미, 덩굴장미 등 온갖 장미들을 구경시켜 주었다. 그런 다음 주인은 꽃 몇 송이만 남겨두고 모두 가지를 쳐 버렸다. 그러자 사업가가 "아니, 왜 가지를 모조리 칩니까?"라고 물었다. "좋은 장미덩굴을 만들려면 가지를 쳐내야 합니다. 내가 쳐준다고 해서 잃는 것은 아무것도 없어요." 주인이 웃으며 말했다. '내준다고 해서 잃는 것은 없다'는 말에 충격을 받은 사업가는 그 날부터 '나누어 주는 사업'을 시작했고 결국 더 큰 사업체를 갖게 되었다. 미국의 대재벌 워너 메이커의 이야기다.

September 9/19

까마귀를 생각하라 심지도 아니하고 거두지도 아니하며 골방도 없고 창고도 없으되 하나님이 기르시나니 너희는 새보다 얼마나 더 귀하냐 – 눅 12:24

Consider the ravens: They do not sow or reap, they have no storeroom or barn; yet God feeds them. And how much more valuable you are than birds! (Lk 12:24)

★ 비전의 역할

아파치족 추장이 후임을 뽑게 되었다. 3명의 최종 후보자를 선발하고 마지막 테스트에 들어갔다. 추장은 세 사람에게 높은 산에 올라갔다 오라고 말했다. 첫 번째 후보는 산에 올라갔다온 증거로 돌을 들고 왔다. 두 번째 사람은 풀을 뽑아 왔다. 그리고 세 번째 사람은 맨손으로 왔다. 추장은 세 번째 사람에게 왜 맨손으로 왔느냐고 물었다. 그는 "우리는 저 산 너머로 이주해야 합니다. 산 정상에서 살펴보니 거기엔 넓은 농토도 있고 강이 있어서 여기보다 살기 좋은 환경입니다." 이 셋 중에 누가 추장이 되었을까? 당연히 세 번째 사람이다.

April 4/13

> 영혼 없는 몸이 죽은 것 같이
> 행함이 없는
> 믿음은 죽은 것이니라
>
> – 약 2:26
>
> As the body without the spirit is dead, so faith without deeds is dead.
> (Jas 2:26)

＊ 반복되는 설교

기대를 한 몸에 받으며 어떤 목사가 교회에 새로 부임했다. 첫 번째 주일, 그는 '당신은 헌신했는가?'라는 제목의 설교로 교인들을 감동케 했다. 그 다음 주일 목사는 똑같은 제목의 설교를 했다. 그 다음 주일에도 같은 설교를 반복했다. 듣다못해 교인들은 대표자를 뽑아 왜 같은 설교를 하는지에 대해 항의했다. "한 가지 설교밖에 준비하지 못했습니까?" 이 말을 들은 목사는 조용히 이렇게 말했다. "저는 많은 설교를 준비했지요. 하지만 여러분이 첫 번째 설교를 듣고도 실천하지 않아 그 다음에 준비된 설교를 할 수 없었답니다. 여러분이 들은 말씀을 실행에 옮길 때 나는 준비된 다음 설교를 할 것입니다."

September 9/18

긍휼히 여기는 자는 복이 있나니
그들이 긍휼히 여김을 받을 것임이요
마음이 청결한 자는 복이 있나니
그들이 하나님을 볼 것임이요 —마 5:7~8

Blessed are the merciful, for they will be shown mercy. Blessed are the pure in heart, for they will see God. (Mt 5:7~8)

★ 가장 큰 베풂은 '눈물'

나이팅게일의 애칭은 등불을 든 여인이다. 그녀가 든 등불은 희망이고 생명공급 그 자체였다. 그녀는 영국 국왕으로부터 메트리훈장을 받았는데 거기에는 이런 명언이 새겨져있다. '긍휼을 베푸는 것은 한가지만이 아닙니다. 돈보다 말로 할 수 있습니다. 돈과 말로 할 수 없을 때는 눈물로 할 수 있습니다.'

April **4/14**

우리가 세상에 아무 것도 가지고 온 것이 없으매 또한 아무 것도 가지고 가지 못하리니 우리가 먹을 것과 입을 것이 있은즉 족한 줄로 알 것이니라 – 딤전 6:7~8

For we brought nothing into the world, and we can take nothing out of it. But if we have food and clothing, we will be content with that. (1Ti 6:7~8)

★ 만족한 삶의 모습

옛날에 병으로 시달리던 성주가 있었다. 한 신하가 지혜로운 사람들의 말을 듣고 성주에게 "병을 고치려면 항상 만족한 생활을 하는 사람의 내의를 입어야 한다."고 보고했다. 성주는 즉시 전 영토를 뒤져 그 사람을 찾아오라고 명령했다. 여러 달이 지나 신하들이 돌아왔으나 빈손이었다. "항상 만족한 생활을 하는 사람을 찾았는가?" "네, 우여곡절 끝에 한 사람 찾았습니다." "그런데 어째서 빈손인가?" "그 사람은 내의를 입지 않고 살고 있었습니다."

September 9/17

흩어 구제하여도
더욱 부하게 되는 일이 있나니 과도히
아껴도 가난하게 될 뿐이니라 – 잠11:24

One man gives freely, yet gains even more; another withholds unduly, but comes to poverty. (Prov 11:24)

★ 과보호 해악

어미 원숭이가 두 마리의 새끼를 키우면서 한 마리는 늘 품에 안고 다녔고, 다른 한 마리는 소홀히 했다. 사랑을 받지 못하던 새끼 원숭이는 혼자서 나무에 오르내리며 먹을 것을 찾았다.

어느 날 다른 지역의 원숭이들이 습격해 왔다. 어미 원숭이는 '편애하는 새끼'를 안고 이 나무 저 나무 정신없이 다니며 싸웠다. 싸움이 끝난 후 어미 원숭이의 품에 있던 새끼는 숨 막혀 죽었으나 다른 새끼는 혼자 힘으로 살아난 것을 알았다. 과보호의 비극을 말해주는 이솝우화다.

April **4/15**

> 이제 후로는 나를 위하여 의의 면류관이 예비되었으므로 주 곧 의로우신 재판장이 그 날에 내게 주실 것이며 내게만 아니라 주의 나타나심을 사모하는 모든 자에게도니라 – 딤후 4:8
>
> Now there is in store for me the crown of righteousness, which the Lord, the righteous Judge, will award to me on that day--and not only to me, but also to all who have longed for his appearing. (2Ti 4:8)

＊ 코페르니쿠스의 고백

지구가 고정된 중심이고 다른 행성들이 지구 주위를 돌고 있다는 천동설을 반박한 코페르니쿠스의 지동설은 중세 당시 사회에 큰 충격을 주었다. 그것은 새로운 천문학을 여는 시발점이었다. 그는 창조섭리에 관한 분명한 신앙을 갖고 연구한 과학자요, 천문학자였다. 그의 묘비명엔 다음과 같은 고백이 있다.

"하나님, 바울이나 베드로에게 베푸셨던 은총을 바라지는 않습니다. 다만 그리스도께서 십자가 위의 강도에게 베푸셨던 그 은혜만이라도 베푸소서."

September 9/16

하나님은 허망한 사람을 아시나니 악한 일은 상관하지 않으시는 듯하나 다 보시느니라 - 욥 11:11

Surely he recognizes deceitful men; and when he sees evil, does he not take note? (Job 11:11)

★ 권력 중독증

파스칼의 우화.
마음 착한 어떤 선원이 배가 난파되는 바람에 바다에서 표류하던 중 겨우 미지의 섬에 도착하게 되었다. 그 섬 주민들은 선원을 보고 행방불명되었던 추장이 돌아왔다며 기뻐했다. 선원의 얼굴이 그 추장과 똑같았기 때문이었다. 선원은 처음에는 어색해 하다가 곧 양심의 소리를 무시했다. 그는 세월이 지나면서 '권력의 맛'이 얼마나 좋은지 알게 되었다. 그러자 양심의 소리를 더욱 무시하게 되었고 얼마 안 있어 섬 사람들을 엄청나게 학대하는 '폭군'이 되어 버렸다.

April **4/16**

죄의 삯은 사망이요
하나님의 은사는 그리스도 예수
우리 주 안에 있는 영생이니라 - 롬6:23

For the wages of sin is death, but the gift of God is eternal life in Christ Jesus our Lord. (Ro 6:23)

★ 구원의 역사

인천주안감리교회 국제성서박물관에는 세계적으로 가치 있는 성경 1만여 권이 전시되어 있다. 이 중에는 구관희 집사가 옮겨 쓴 성경도 있는데 그 배경이 감동적이다.

병원에서 위암을 선고받은 구 집사는 후손에게 무엇을 남겨줄까 고뇌하다가 성경 필사본을 생각했고, 시한부 인생을 성경 옮겨 쓰는 일에 전념했다. 그런데 기적이 일어났다. 성경을 옮겨 쓰던 중 하나님의 역사로 위암을 치유 받은 것이다. 그리고 건강하게 필사본 성경을 완성했다.

September 9/15

몸은 죽여도 영혼은 능히 죽이지 못하는 자들을 두려워하지 말고 오직 몸과 영혼을 능히 지옥에 멸하실 수 있는 이를 두려워하라 – 마 10:28

Do not be afraid of those who kill the body but cannot kill the soul. Rather, be afraid of the One who can destroy both soul and body in hell. (Mt 10:28)

＊ 처칠과 경관

영국의 수상 처칠을 태운 차가 과속하다가 교통경찰에게 걸렸다. "이봐, 내가 누군 줄 아나? 각료회의 가는 중이네." 처칠은 이렇게 말하며 그냥 보내줄 것을 지시했다. 그러나 경찰은 "예, 얼굴은 수상 각하와 비슷합니다. 그러나 법을 지키는 것은 비슷하지 않습니다." 라고 말하며 단속했다.

이에 감동받은 처칠은 그날 경시 총감을 불러 자초지종을 이야기한 후 "그 경찰을 찾아 특진시키게."라고 말했다. 그러나 경시 총감은 과속차량을 적발했다고 특진시키라는 규정은 없다며 거절했다.

4/17 April

자녀이면 또한 상속자 곧 하나님의 상속자요 그리스도와 함께 한 상속자니 우리가 그와 함께 영광을 받기 위하여 고난도 함께 받아야 할 것이니라 – 롬 8:17

Now if we are children, then we are heirs--heirs of God and co-heirs with Christ, if indeed we share in his sufferings in order that we may also share in his glory. (Ro 8:17)

*고난 후 영광

"생각건대 현재의 고난은 장차 우리에게 나타날 영광과 족히 비교할 수 없도다"(롬 8:18)

어떤 사람은 이 구절을 대할 때 이 성경의 말씀을 기록한 사람은 틀림없이 고난에도 끄떡도 않는 강철 같은 사람이거나, 아니면 일상 생활 중에 일어나는 별 것 아닌 귀찮은 일들에 익숙해진 사람일 것이라고 생각할 수 있다. 그러나 사실은 그렇지 않다. 이 구절은 성령의 인도로 기록된 것이며 가장 가혹한 고통에 시달린 사람이 기록한 것이다.

고난 후의 영광은 상상이 아닌 확신이다.

– 아더 핑크

September 9/14

너희 중에 누구든지 크고자 하는 자는 너희를 섬기는 자가 되고 너희 중에 누구든지 으뜸이 되고자 하는 자는 너희의 종이 되어야 하리라 - 마 20:26~27

Instead, whoever wants to become great among you must be your servant, and whoever wants to be first must be your slave--(Mt 20:26~27)

＊고귀한 결단

지난 75년부터 남서울교회를 이끌어오던 홍정길 목사가 사임했다. 서울 반포동에 위치한 남서울 교회는 3천 명 이상의 성도가 출석하는 대형교회로, 젊음과 생명을 바쳐 목회해 오던 이 교회를 목회자가 자진해서 떠난다는 것을 중대한 결단이 아닐 수 없다. 이유는 하나, 장애인 특수학교를 건립하고 전문적으로 돌보기 위해서다. 기독교계에서는 이를 신선한 충격으로 받아들이고 있다. 그는 고별 설교에서 말한다. "가보지 않은 길을 가보기 위해 담임에서 물러난다."

April 4/18

자기 아들을 아끼지 아니하시고 우리 모든 사람을 위하여 내주신 이가 어찌 그 아들과 함께 모든 것을 우리에게 주시지 아니하겠느냐 – 롬 8:32

He who did not spare his own Son, but gave him up for us all--how will he not also, along with him, graciously give us all things? (Ro 8:32)

★ 무엇이든지 다

자선음악회가 끝난 뒤 한 사업가가 간증을 했다. "저는 도시로 무작정 상경한 가출 소년이었습니다. 그리고 18년이란 세월 동안 얻은 것 없이 구걸해야 했습니다. 하루는 한 신사에게 '선생님, 동전 한 푼만 주세요.'라고 하면서 얼굴을 들었는데 그 신사는 바로 저의 아버지였습니다. 아버지는 저를 끌어안으며 말씀하셨습니다. '한 푼이라니? 내게 있는 것은 무엇이든지 네 것이다. 자, 고향으로 가자.' 아버지는 아들을 만났을 때 자신의 모든 것을 주었습니다. 하나님께서는 잃었다 찾은 죄인에게 아끼지 않고 모든 것을 주십니다."

September 9/13

내 형제들아 만일 사람이 믿음이 있노라 하고 행함이 없으면 무슨 유익이 있으리요 그 믿음이 능히 자기를 구원하겠느냐 – 약2:14

What good is it, my brothers, if a man claims to have faith but has no deeds? Can such faith save him? (Jas 2:14)

★ 구세군 만든 전당포 주인

1878년 영국에서 전당포 주인을 지냈던 사람이 복음전도와 구제사업의 상징적인 인물로 등장했다. 구세군 창설자인 윌리엄 부스. 그는 임종을 앞두고 이런 말을 남겼다. "배고픈 아이가 있습니까? 주머니를 터시오. 거리에 우는 여인이 있습니까? 함께 우시오. 구세군은 사회의 악과 싸우는 주님의 군대입니다. 그러나 그보다 앞서 여러분은 자기 자신과의 싸움에서 이겨야 합니다."

4/19 April

그가 시험을 받아 고난을 당하셨은즉 시험 받는 자들을 능히 도우실 수 있느니라 – 히 2:18

Because he himself suffered when he was tempted, he is able to help those who are being tempted. (Heb 2:18)

★ 지혜로운 마부

아기를 안은 부인을 태운 마차가 추운 지방의 벌판을 달리고 있었다. 갑자기 기온이 급강하했고 방한 준비가 안 되었던 부인은 의식을 잃기 시작했다. '인가는 먼데 어떻게 둘 다 살릴 수 있을까.' 고민하던 마부는 아기를 안은 다음, 부인을 밖으로 끌어내리고 달렸다. 그러자 아기를 잃은 부인이 정신을 차리고 미친 듯이 달려 마차를 뒤쫓아갔다. 얼마 후 마차가 섰을 때 부인의 체온은 회복되었고, 그 어머니의 열기로 아기까지 살아났다. 하나님께서는 우리를 이렇게 연단하신다.

September 9/12

사랑은 오래 참고 사랑은 온유하며 시기하지 아니하며 사랑은 자랑하지 아니하며 교만하지 아니하며 – 고전 13:4

Love is patient, love is kind. It does not envy, it does not boast, it is not proud. (1Co 13:4)

* 성품과 수명

빙점의 작가 미우라 아야코 여사가 다니는 교회에서 한 동물원 원장을 초청하여 강연회를 가졌다. 동물원 원장은 각 동물들의 특성과 수명에 대해 자세히 이야기했다. 강연이 끝난 후 질문시간이 되었을 때 미우라 여사가 "동물이나 생물 중 어느 것이 빨리 죽나요?"라고 물었다. 동물원 원장이 대답했다.

"호전적이고 성질이 급한 놈, 덩치가 큰 놈들은 빨리 죽습니다. 그러나 온유한 동물들은 오래 삽니다. 또 곤충 가운데서도 투구벌레처럼 등딱지가 딱딱한 놈들이 빨리 죽습니다."

April 4/20

인자가 온 것은 섬김을 받으려 함이 아니라 도리어 섬기려 하고 자기 목숨을 많은 사람의 대속물로 주려 함이니라

– 막 10:45

For even the Son of Man did not come to be served, but to serve, and to give his life as a ransom for many. (Mk 10:45)

* 소경의 등불

탈무드에 나오는 이야기. 어떤 사람이 어두운 골목길에서 등불을 들고 걸어오고 있었다. 지나가던 사람이 유심히 살펴보니 등불을 든 사람은 소경이었다. "앞을 못 보는 분이 왜 등불을 들고 다닙니까? 필요 없지 않습니까?" 지나가던 사람이 물었다. 그러자 소경은 등불을 자기 얼굴에 가까이 대며 이렇게 말했다. "예, 저는 필요 없습니다. 그러나 다른 사람에게 제 모습을 알려주려고 등불을 든 것이지요. 행인들이 등불을 보고 조심하면 혹시라도 있을 불편함이 없어지겠지요."

September 9/11

> 여호와는 선하시며 환난 날에 산성이시라 그는 자기에게 피하는 자들을 아시느니라 – 나 1:7
>
> The LORD is good, a refuge in times of trouble. He cares for those who trust in him. (Na 1:7)

＊ 남는 것에 감사하는 삶

한 소년이 놀다가 친구가 던진 돌에 눈을 맞고 쓰러졌다. 결국 소년은 실명이라는 진단을 받았다. 그 때 소년은 또렷한 목소리로 "엄마, 눈은 잃었으나 머리는 남아 있어요." 라고 말했다. 이 소년이 바로 시각장애자로서 영국의 경제학자요 케임브리지대 교수와 국무위원을 지낸 헨리 포세트이다.

April **4/21**

> 그가 찔림은 우리의 허물 때문이요
> 그가 상함은 우리의 죄악 때문이라
> 그가 징계를 받으므로 우리는 평화를 누리고 그가 채찍에 맞으므로
> 우리는 나음을 받았도다 – 사 53:5
>
> But he was pierced for our transgressions, he was crushed for our iniquities; the punishment that brought us peace was upon him, and by his wounds we are healed. (Is 53:5)

* 숭고한 모정

갑자기 소나기가 내리던 어느 여름날 오후. 서울 여의도 올림픽대로에서 빗길을 달리던 11톤 트럭이 택시를 추돌했다. 이 사고로 택시 뒷좌석에 타고 있던 주부 박선주씨가 숨졌다. 사고 순간 박씨는 모성의 본능으로 어린 아들과 딸을 차 바닥 쪽으로 밀어넣었다. 어머니는 온 몸으로 어린 생명을 보호하고 자신은 엄청난 충격을 받으며 숨진 것이다. 이 때문에 두 자녀는 큰 상처를 입지 않고 무사했다. 어머니의 희생은 11톤 트럭의 무게도 극복한다.

September 9/10

각각 은사를 받은 대로 하나님의 여러 가지 은혜를 맡은 선한 청지기 같이 서로 봉사하라 – 벧전 4:10

Each one should use whatever gift he has received to serve others, faithfully administering God's grace in its various forms. (1Pe 4:10)

★ '내일'의 식목

한 노인이 도토리나무를 정성껏 심고 있었다. 이 모습을 바라보던 젊은 사람이 "이 나무가 언제쯤 열매를 맺겠습니까?"라고 물었다. "아마 70년 후 쯤 되겠지." 노인은 조용히 웃으며 대답했다. "할아버지께서 그 때까지 살아있을 것이라고 생각하십니까?" 젊은이가 묻자 노인은 하늘을 바라보며 대답했다. "지금의 이 푸른 숲을 봐요. 그러나 내가 태어났을 때는 이렇지 않았다네. 우리 선조들이 우리 세대를 위해 나무를 심었던 것이오. 다음을 생각하지 않으면 모두가 죽는다네."

April **4/22**

내가 그리스도와 함께 십자가에 못 박혔나니 그런즉 이제는 내가 사는 것이 아니요 오직 내 안에 그리스도께서 사시는 것이라 - 갈 2:20

I have been crucified with Christ and I no longer live, but Christ lives in me. (Gal 2:20)

★ 목동의 희생

스코틀랜드 북부에 깊은 계곡을 가로질러 높은 철교가 있었습니다 어느 날 이른 아침 목동이 그 옆을 지나다 철교가 무너진 것을 보았습니다 그런데 멀리서 기차소리가 들려왔습니다 놀란 목동은 웃옷을 벗어서 휘두르며 기차를 세우기 위해 혼신을 다 했습니다 결국 기관사는 속도를 줄이고 기차를 세웠지만 목동은 이미 목숨을 잃고 말았습니다 기관사가 놀라 내리는 순간 아연실색 하고 말았습니다 철교가 무너진 것을 그때서야 알았기 때문입니다.

September 9/9

죄가 있어 매를 맞고 참으면 무슨 칭찬이 있으리요 그러나 선을 행함으로 고난을 받고 참으면 이는 하나님 앞에 아름다우니라 - 벧전 2:20

But how is it to your credit if you receive a beating for doing wrong and endure it? But if you suffer for doing good and you endure it, this is commendable before God. (1Pe 2:20)

★ 고난과 긴장은 삶의 자극제

최근 한 팀의 러시아 과학자들이 편안한 인생이 생명을 단축시키는가, 연장시키는가에 대한 실험을 했다. 두 그룹의 동물 중 한 그룹은 이상적인 환경에서 살게 하고 나머지 그룹은 생명의 위협을 가하면서 살게 했다. 그러자 이상적인 환경에 있던 동물들이 먼저 병들고 생기를 잃었다고 한다. 고난과 긴장이 생기 있는 삶을 살게 한다.

April **4/23**

> 예수께서 이르시되 나는 부활이요 생명이니 나를 믿는 자는 죽어도 살겠고 무릇 살아서 나를 믿는 자는 영원히 죽지 아니하리니 이것을 네가 믿느냐

- 요 11:25~26

Jesus said to her, "I am the resurrection and the life. He who believes in me will live, even though he dies; and whoever lives and believes in me will never die. Do you believe this? (Jn 11:25~26)

★ 부활절 계란 그림의 유래

부활절 계란을 주고받는 풍습은 유럽에서 십자군전쟁이 일어났을 때 시작되었다고 한다. 로자린드 부인은 남편이 전쟁에 나간 뒤 나쁜 사람들에 의해 재산을 빼앗기고 산동네에서 살게 되었으나 동네 사람들의 친절로 생활했다. 부인은 이 친절에 보답하려고 부활절을 즈음해 예쁘게 색칠한 계란을 나눠주었다. 그리고 계란에다 로자린드 집의 가훈인 '하나님의 사랑을 믿자'라는 말을 써 넣었다. 이 계란을 받아든 한 소년이 병든 군인을 간호해 준 다음 계란을 주었는데 이 군인은 그 계란을 보고 깜짝 놀랐다. 계란에 쓰여 있는 글이 바로 자기 집의 가훈이었고 그가 바로 로자린드였던 것이다. 이렇게 해서 군인은 수소문 끝에 자신의 부인과 다시 만났다. 그 이후로 이 아름다운 이야기가 퍼져 부활절 주일에 색 계란이 선물로 나눠지게 되었다.

September 9/8

나는 비천에 처할 줄도 알고 풍부에 처할 줄도 알아 모든 일 곧 배부름과 배고픔과 풍부와 궁핍에도 처할 줄 아는 일체의 비결을 배웠노라 – 빌 4:12

I know what it is to be in need, and I know what it is to have plenty. I have learned the secret of being content in any and every situation, whether well fed or hungry, whether living in plenty or in want. (Php 4:12)

★ 비교 행복론

한 가난한 소년이 일을 마치고 집에 올 때마다 멀리 강 건너편에 있는 집이 황금유리로 번쩍이는 것을 보았다. 소년은 생각했다. '아, 저 황금 유리집에 사는 사람은 얼마나 행복할까. 저 집에 가 보고 싶구나.' 그러면서 자신의 처지를 보면 '비참함' 그 자체였다.

그러다 하루는 소년이 큰 결심을 하고 그 '황금집'을 찾아갔다. 그러나 그 집과 유리창은 황금이 아니었다. 창이 많은 그 집은 노을을 받아 황금빛으로 빛날 뿐이었다. 소년이 '허무한 확인'을 하고 멀리 있는 자신의 집을 보았을 때 자신의 집도 노을을 받아 황금빛으로 번쩍이고 있었다. 남의 집 잔디가 더 파랗게 보이는 것처럼…….

April 4/24

여호와가 너를 항상 인도하여 메마른 곳에서도 네 영혼을 만족하게 하며 네 뼈를 견고하게 하리니 너는 물 댄 동산 같겠고 물이 끊어지지 아니하는 샘 같을 것이라 – 사 58:11

The LORD will guide you always; he will satisfy your needs in a sun-scorched land and will strengthen your frame. You will be like a well-watered garden, like a spring whose waters never fail. (Is 58:11)

★ 사탄의 '덫'

사탄은 인간을 파탄시킬 때, 대수롭지 않게 여기는 '작은 것'을 노린다. 사탄의 일곱가지 '덫'.

- 누구나 하는 것인데 내가 했다고 큰 죄가 될까?
- 아직 젊으니까 신앙은 나중에 나이가 들어서나 갖지 뭐.
- 이건 아주 미미한 것으로 양심에 큰 가책이 되지 않아.
- 이번 딱 한번뿐이니까 괜찮겠지.
- 아무도 보지 않았으니까 문제 없겠지.
- 그동안 너무 힘들게 살았으니까 이 정도는 보상 차원에서 괜찮겠지.
- 이것이 나에게 주어지는 좋은 기회가 아닐까?

September 9/7

너희가 사람의 잘못을 용서하면 너희 하늘 아버지께서도 너희 잘못을 용서하시려니와 너희가 사람의 잘못을 용서하지 아니하면 너희 아버지께서도 너희 잘못을 용서하지 아니하시리라 – 마 6:14~15

For if you forgive men when they sin against you, your heavenly Father will also forgive you. But if you do not forgive men their sins, your Father will not forgive your sins. (Mt 6:14~15)

★ 링컨은 관용의 달인

링컨은 관용의 달인이었다. 그는 자신과 대립 관계에 있는 사람을 공석에서 비난하지 않았다. 원수는 마음에서 없애야 한다는 것이 그의 생활신조였다. 원수를 없앴다는 것은 죽이라는 것이 아니라 마음에서 없애라는 것인데 그 방법은 바로 원수를 친구로 만들어 없애버린다는 것이었다.

April **4/25**

> 누구든지 하나님을 사랑하노라 하고 그 형제를 미워하면 이는 거짓말하는 자니 보는 바 그 형제를 사랑하지 아니하는 자는 보지 못하는 바 하나님을 사랑할 수 없느니라 – 요일 4:20

If anyone says, "I love God," yet hates his brother, he is a liar. For anyone who does not love his brother, whom he has seen, cannot love God, whom he has not seen. (1Jn 4:20)

★ 비스마르크의 우정

독일의 수상을 지냈던 비스마르크가 젊었을 때 친구와 사냥을 갔다. 사냥 중 친구가 그만 발을 헛디뎌 수렁에 빠졌다. 친구는 살려달라고 아우성을 쳤으나 오히려 비스마르크는 엽총을 겨눈 후 "친구여 내 우정을 잊지 말게."라고 말했다. 극한 상황에 이른 친구는 최후의 힘을 다해 수렁에서 벗어나려고 했다. 뭍에 가까이 이르렀을 때 비스마르크는 손을 내밀어 친구를 건져준 후 명언을 남겼다. "나는 자네의 머리에 총을 겨눈 것이 아니라 포기하려는 자네의 생각에 총을 겨눈 것이라네."

September 9/6

범사에 기한이 있고
천하 만사가 다 때가 있나니 – 전 3:1

There is a time for everything, and a season for every activity under heaven. (Eccl 3:1)

★ 가장 귀한 것

17세에 사병으로 해병에 입대하여 지난 94년 미국 해군참모총장 자리에까지 올라 입지전적인 인물로 존경받던 제레미 마이크 버다 장군이 무공훈장 때문에 권총으로 자살하여 전 세계에 충격을 주었다. 자신이 임의로 패용한 'V핀 무공훈장'이 논란을 빚자 "나는 나름대로 그 훈장을 달 자격이 있다."는 유서를 남기고 생을 마감한 것. 그는 훈장을 달 자격이 있는 군인이었는지는 모르나 인생에 있어서는 '자격 미달의 장군'이었다. 어떤 훈장이라도 생명보다 고귀할 순 없다.

April 4/26

집 하인이 두 주인을 섬길 수 없나니 혹 이를 미워하고 저를 사랑하거나 혹 이를 중히 여기고 저를 경히 여길 것임이니라 너희는 하나님과 재물을 겸하여 섬길 수 없느니라 – 눅 16:13

No servant can serve two masters. Either he will hate the one and love the other, or he will be devoted to the one and despise the other. You cannot serve both God and Money. (Lk 16:13)

* 물욕의 종말

새사람이 되자고 약속한 세 명의 강도가 길을 가다 금덩어리를 주웠다. 약속은 무언중에 물거품이 되었다. 세 명이 배로 강을 건널 때 한 명이 다른 한 명을 물속에 빠뜨리며 "우리 둘만의 분배를 위해"라고 말했다. 배에서 내린 두 명은 들판을 가다 집 한 채를 발견했다. 한 명이 음식을 구해오겠다며 집안으로 들어가 음식 대신 칼을 들고 나왔다. 그러나 그는 다른 한 명을 살해한 후 곧 죽고 말았다. 밖에 있던 한 명이 흑심을 품고 식사 후 먹을 물에 독약을 탔던 것이다.

September 9/5

분을 내어도 죄를 짓지 말며
해가 지도록 분을 품지 말고
마귀에게 틈을 주지 말라 – 엡 4:26~27

In your anger do not sin: Do not let the sun go down while you are still angry, and do not give the devil a foothold. (Eph 4:26~27)

★ 웃음이 보약

웃으면 건강해진다. '신바람 건강학'으로 화제를 모으고 있는 연세대 황수관 박사는 하루에 몇 번 활짝 웃으면 스트레스를 해소하고 30분간의 조깅 효과를 얻을 수 있다고 말했다. 최근 '시가코 트리뷴' 지에는 테오도르 반 델렌 박사의 다음과 같은 글이 실렸다. "웃음은 신경조직을 이완시키는 효과가 있으며 소화를 돕고 활기차게 해준다. 마음껏 웃으면 우리의 횡경막이 위아래로 움직여 산소가 깊게 폐 속으로 들어오고 연속적으로 터지듯이 조금씩 밖으로 배출되어 건강을 돕는다."

April **4/27**

> 여호와는 죽이기도 하시고 살리기도 하시며 스올에 내리게도 하시고 거기에서 올리기도 하시는도다 여호와는 가난하게도 하시고 부하게도 하시며 낮추기도 하시고 높이기도 하시는도다 – 삼상 2:6~7
>
> The LORD brings death and makes alive; he brings down to the grave and raises up. The LORD sends poverty and wealth; he humbles and he exalts. (1Sa 2:6~7)

★ 역사 주관자

1911년 민족운동가 월남 이상재 선생이 일본 YMCA 초청을 받은 적이 있었다. 일본의 속셈은 선생으로 하여금 독립운동의 꿈을 버리게 하는 데 있었다. 선생은 식사 후 총리대신 등 일본의 정치인들을 앞에 놓고 이렇게 말했다.

"여러분들은 일본이 강대국이요, 원하는 것을 모두 얻을 수 있다고 판단 할지 모르나 진짜 위대한 왕국과 왕이 있습니다. 이 분은 한순간에 일본을 멸망시킬 수도 있습니다. 이 분을 두려워해야 합니다. 바로 역사의 주관자, 하나님이십니다."

September 9/4

오히려 너희가 그리스도의 고난에 참여하는 것으로 즐거워하라 이는 그의 영광을 나타내실 때에 너희로 즐거워하고 기뻐하게 하려 함이라 – 벧전 4:13

But rejoice that you participate in the sufferings of Christ, so that you may be overjoyed when his glory is revealed. (1Pe 4:13)

★ 고통의 섭리

고통에 관한 몇가지 명상
- 고통에는 반드시 뜻이 있다.
- 전에는 몰랐으나 고통을 당한 뒤 비로소 자신의 모습을 보게 된다.
- 고통당할 때 스스로를 축소 지향적으로 여기지 말라.
- 고통의 상황에 절망할 것이 아니라 고통 너머의 절대자를 의지하라.
- 하나님은 마음이 상한 자를 가까이 하신다.
- 고통의 때는 새로워질 수 있는 인생의 터닝 포인트이다.
- 인간의 절망은 복된 섭리의 시작이다.
- 고통의 때에 서로 하나가 될 수 있다.

April **4/28**

또 새 영을 너희 속에 두고 새 마음을 너희에게 주되 너희 육신에서 굳은 마음을 제거하고 부드러운 마음을 줄 것이며 – 겔 36:26

I will give you a new heart and put a new spirit in you; I will remove from you your heart of stone and give you a heart of flesh. (Eze 36:26)

* 카네기의 미소 예찬

미소로 하루를 시작하고 미소로 하루를 매듭짓는다면 우리의 인생이 얼마나 멋있고 아름다울까. 데일 카네기는 미소에 대하여 이렇게 말했다. "이것은 별로 소비되는 것은 없으나 건설하는 것은 많으며, 이것은 주는 사람에게는 해롭지 않으나 받는 사람에게는 넘치고, 이것은 짧은 인생으로부터 생겨나나 그 기억은 길이 남으며, 이것이 없이 참으로 부자가 된 사람도 없으며, 이것을 가지고 정말 가난한 사람도 없다. 이것은 가정에 행복을 더하며 사업에 호의를 찾게 하며, 친구 사이를 더욱 가깝게 하며, 이것은 피곤한 자에게 휴식이 되고, 우는 자에게 위로가 되고, 인간의 모든 독을 제거하는 해독제이다. 그러면서도 이것은 살 수도 업고, 꿀 수도 없고, 도둑질 할 수도 없는 것이다."

September 9/3

이는 하늘이 땅보다 높음 같이 내 길은 너희의 길보다 높으며 내 생각은 너희의 생각보다 높음이니라 – 사 55:9

"As the heavens are higher than the earth, so are my ways higher than your ways and my thoughts than your thoughts." (Is 55:9)

* 능률의 비결

두 사람이 산에 나무를 하러 갔다. 두 사람은 똑같은 도끼를 가지고 5시간 동안 나무를 베었다. 두 사람의 일하는 방법에는 차이가 있었다. 한 사람은 꼬박 5시간에 걸쳐 나무를 베었고, 또 한 사람은 50분에 걸쳐 나무를 벤 후 10분 쉬기를 거듭했다. 그런데 나중에 결과를 보니 5시간 동안 꼬박 일한 사람보다 10분 쉰 사람이 더 많은 나무를 벤 것이 아닌가. 꼬박 일한 나무꾼이 그 비결을 묻자 '능률의 나무꾼'이 대답했다. "나는 10분 쉬는 동안 도끼날을 갈았답니다."

April 4/29

사람이 친구를 위하여 자기 목숨을 버리면 이보다 더 큰 사랑이 없나니 너희는 내가 명하는 대로 행하면 곧 나의 친구라 – 요 15:13~14

Greater love has no one than this, that he lay down his life for his friends. You are my friends if you do what I command. (Jn 15:13~14)

* 고래의 우정

플로리다 가까이에 있는 토투가스 섬에 최근 고래 한 마리가 육지로 올라왔다. 거대한 수컷 고래인데, 귀 쪽에서 피가 흐르고 있었다. 그런데 다른 고래 두 마리가 병든 고래를 따라 육지로 올라왔다. 고래는 물 속에서 빨리 도망칠 수 있으나 육지에서는 잡혀 죽기가 쉬웠다. 그러나 이 고래들은 병든 친구를 보호하고 위로하기 위하여 목숨을 걸고 육지로 올라온 것이었다. 사흘 뒤에 병든 친구 고래가 죽자 그들은 말없이 바다로 사라졌다.

September 9/2

스스로 속이지 말라 하나님은 업신여김을 받지 아니하시나니 사람이 무엇으로 심든지 그대로 거두리라 – 갈 6:7

Do not be deceived: God cannot be mocked. A man reaps what he sows. (Gal 6:7)

★ 내조의 힘

직장에서 해고당한 사람이 있었다. 절망하여 집에 돌아가 아내에게 이야기했을 때 아내는 반색을 말했다. "드디어 당신이 문학을 본격적으로 할 수 있게 되었군요. 해고당한 일이 얼마나 좋은 기회라는 걸 알기나 하세요?" 아내는 남편을 격려한 뒤 돈을 꺼내놓았다. "이럴 줄 알고 당신 봉급에서 따로 마련해 둔 돈이에요. 당신이 명작을 쓸 동안 이 돈으로 살아요." 나타니엘 호손의 명작 〈주홍글씨〉는 이렇게 해서 탄생했다.

April 4/30

> 볼지어다 내가 네 앞에 열린 문을 두었으되 능히 닫을 사람이 없으리라 내가 네 행위를 아노니 네가 작은 능력을 가지고서도 내 말을 지키며 내 이름을 배반하지 아니하였도다 − 계 3:8

I know your deeds. See, I have placed before you an open door that no one can shut. I know that you have little strength, yet you have kept my word and have not denied my name. (Rev 3:8)

★ 어머니의 격려

잭 웰치는 어려서 친구들과 대화를 할 수 없을 정도로 말을 더듬었다. 그래서 친구들을 만나기 싫어하는 대인 기피증까지 있었다. 그 때 어머니가 말하길 "너는 두뇌회전이 너무 빠르기 때문에 혀가 따라가지 못해서 말을 더듬는 것뿐이야. 그러므로 말을 더듬는 것은 머리가 좋다는 것이니 오히려 자랑스럽게 생각해야 한다"고 했다. 또한 "너는 지극히 정상적이고 무엇이든지 할 수 있단다"하고 격려하여 열등감을 자신감으로 바꾸어 주었다.

September 9/1

모든 기도와 간구를 하되 항상 성령 안에서 기도하고 이를 위하여 깨어 구하기를 항상 힘쓰며 여러 성도를 위하여 구하라 – 엡 6:18

And pray in the Spirit on all occasions with all kinds of prayers and requests. With this in mind, be alert and always keep on praying for all the saints. (Eph 6:18)

★ 깨어남을 인도한 기도

제자가 스승에게 하나님께 이르기 위한 방법을 물었다. 스승은 대답 대신 "태양을 떠오르게 하기 위해 인간인 자네가 할 수 있는 일이 무엇이겠나?"라고 반문했다. 인간의 노력으로는 될 수 없다는 뜻이었다. 제자는 불만스럽게 "그러면 제게 가르쳐 주신 기도도 소용없겠군요."라고 말했다. 그러자 스승이 말했다. "그것은 태양이 떠오를 때 자네로 하여금 깨어있게 하기 위한 것이라네."

마음의 고향

맥스 루케이도

　영혼의 휴식을 위한 장소로서 위대하신 하나님의 집 만한 곳은 없다. 일찍이 다윗은 이렇게 노래했다.

　"내가 여호와께 바라는 한 가지 일 곧 그것을 구하리니 곧 내가 내 평생에 여호와의 집에 살면서 여호와의 아름다움을 바라보며 그의 성전에서 사모하는 그것이라
　여호와께서 환난 날에 나를 그의 초막 속에 비밀히 지키시고 그의 장막 은밀한 곳에 나를 숨기시며 높은 바위 위에 두시리로다."(시편 27:4~5)

　하나님께 무엇이든 단 하나만 구할 수 있다면 여러분은 무엇을 요청하겠는가? 다윗은 그 한 가지에 대하여 말한다.

　그것은 즉 하나님의 집에서 '사는 것'이다. 나는 '산다'는 단어를 강조했는데 그 이유는 그 단어가 정말 중요하기 때문이다. 다윗이 원했던 것은 잡담이나, 뒤뜰에서 마시는 커피 한 잔이 아니다.

　그는 또한 하나님의 집에서 식사를 한 번 한다거나 하루 저녁을 보내는 것을 구하지도 않았다. 그 대신 하나님의 집으로 이사하여 영원히 거기서 살기를 원한다.

　하나님의 집에서 영구적인 자기의 방을 갖기를 바라는 것이다. 하나님의 집에 임시로 거주하는 것이 아니라 그곳에서 은퇴하기를 바라며, 일시적인 피난처가 아니라 평생의 안식처를 구하는 것이다.

『위대한 하나님의 집』 중에서

사랑 안에 있는 사랑

누가 사랑을 보았을까요
모두가 사랑을 안다고는 하면서도
보지는 못했다고 하겠지요
하지만 나는 사랑을 본 적이 있어요
어느 날 갑자기 눈이 열리자
새로운 세상이 내 앞에 펼쳐지면서
천지에 가득한 사랑이 보였어요

먼산 능선이 덩실덩실 춤을 추고
나무들도 잎을 흔들며 찬미의 노래를 부르고 대지는 온통
사랑으로 넘쳤어요

길가 돌멩이들도 하나님을 찬양하는 소리를 듣고
나는 두려움과 기쁨에 떨었어요
꽃들이 감격하여 웃음을 터뜨리자

조용우

새들은 아름다운 노래로 화답하고
햇빛은 은총처럼 대지 위에 쏟아졌어요
공기처럼 천지에 가득한 사랑
나는 그 사랑을 보고 느끼고 호흡하고
미역감았습니다

늘 보던 세상인데 갑자기 눈이 열리자
가리워진 거짓 너머로 참모습이 나타난 거예요
사람만 빼놓고 만물이
하나님을 찬양하는 것을 나는 보았어요
하나님이 내 안에 내가 하나님 안에 있는 것을

하나님이 사랑이시고 사랑이 하나님이신 것을
나는 그런 사랑을 본 적이 있어요

『그리운 사람이 보고 싶은 날은 지하철을 탄다』(민예원) 중에서

May 5/1

> 여호와를 경외하며 그의 길을 걷는 자마다 복이 있도다 네가 네 손이 수고한 대로 먹을 것이라 네가 복되고 형통하리로다 – 시128:1~2
>
> Blessed are all who fear the LORD, who walk in his ways. You will eat the fruit of your labor; blessings and prosperity will be yours. (Ps 128:1~2)

★ 노동의 가치

알베르트 슈바이처 박사는 아프리카에서 병원을 처음 지을 때 손수 벽돌을 찍고 나무를 베는 등 잡일을 도맡아 했다. 어느 날 슈바이처가 한참 나무를 다듬고 있는데 옆에서 흑인 청년 한 명이 물끄러미 쳐다보고 있었다. "그냥 서 있지 말고 나와 같이 일을 합시다." 슈바이처가 이렇게 말하자 청년은 "나는 공부를 한 사람이라 그런 노동은 안 합니다."라고 대답했다. "나도 학생 때는 그런 말을 했소만 공부를 많이 한 후엔 아무 일이나 한다오." 슈바이처의 말이었다.

August 8/31

너희는 가서 모든 민족을 제자로 삼아 아버지와 아들과 성령의 이름으로 세례를 베풀고 내가 너희에게 분부한 모든 것을 가르쳐 지키게 하라 – 마 28:19~20

Therefore go and make disciples of all nations, baptizing them in the name of the Father and of the Son and of the Holy Spirit, and teaching them to obey everything I have commanded you. (Mt 28:19~20)

* 무신론자의 오만한 동정

어느 무신론자가 부모를 여의고 구걸하며 비참하게 지내는 불구의 소년에게 동전을 던져 주며 말했다. "진짜 하나님이 계시다면 너를 이렇게 팽개쳐 두지는 않을 텐데. 너야말로 하나님이 없다는 것을 확인할 수 있는 산 증거라고 하겠구나." 그러자 소년이 말했다. "아니에요. 분명 하나님께선 누군가에게 나를 팽개쳐 두지 말라고 하셨을 거에요. 그 사람이 말을 안 듣는 거죠."

May 5/2

나를 사랑하는 자들이 나의 사랑을 입으며 나를 간절히 찾는 자가 나를 만날 것이니라 – 잠 8:17

I love those who love me, and those who seek me find me. (Prov 8:17)

* 신앙의 절개

스코틀랜드의 종교개혁에 일생을 바쳤던 존 낙스는 하나님만을 의지했던 신앙인이었다. 그는 프랑스군에 체포되어 19개월 동안 죽을 고생을 하기도 했으며, 영국 여왕 메리 1세의 극심한 박해를 받기도 했다. 그러나 그는 신앙의 절개를 한 번도 굽힌 일이 없었다. 오히려 핍박과 고난을 받을수록 기도와 신앙의 열기를 더해갔다. 그가 하나님의 부르심을 받았을 때 사람들은 이렇게 추모했다. "하나님만을 두려워하고 그 어떤 사람도 두려워하지 않았던 사도가 이곳에 잠들다.

August 8/30

생각하건대 현재의 고난은 장차 우리에게 나타날 영광과 비교할 수 없도다 – 롬 8:18

I consider that our present sufferings are not worth comparing with the glory that will be revealed in us. (Ro 8:18)

★ 고통은 '보물의 창고'

떠돌이 땜장이의 아들로 태어나 빈민 농촌에서 자란 아이가 있었다. 아이는 꿈을 키워 존 밀턴과 함께 영국의 가장 위대한 작가가 되었다. 그가 바로 〈천로역정〉의 작가 존 버니언이다. 그는 33세 때 종교재판에 의해 12년간 수감생활을 했다. 그러나 그 고통스러운 기간에 가장 빛나는 문학의 업적을 이루었다. 그는 찾아다녔던 보물을 고통의 감옥 안에서 찾을 수 있었다고 말했다.

May 5/3

만일 너희에게 믿음이 겨자씨 한 알 만큼만 있어도 이 산을 명하여 여기서 저기로 옮겨지라 하면 옮겨질 것이요 또 너희가 못할 것이 없으리라 – 마17:20

If you have faith as small as a mustard seed, you can say to this mountain, 'Move from here to there' and it will move. Nothing will be impossible for you. (Mt 17:20)

★ 신념에 찬 삶

병약했던 이 영웅은 누구일까.
이 사람은 17, 22, 29세 때 말라리아에 걸렸다. 19세 때는 천연두에, 20세 때는 늑막염에 걸렸다. 35세 때는 급성 이질에 걸려 죽음의 고비를 넘겨야 했다. 43세 때는 치아가 거의 다 손상되어 고통당했다. 그러나 43세 때인 1775년 미국 혁명군의 사령관이 되어 독립운동을 지휘하여 승리함으로써 국민적 영웅이 되었고, 12년 후 초대 대통령이 되었다.
이것은 바로 67세까지 산 조지 워싱턴의 이야기다. 신념은 환경을 이긴다.

August 8/29

> 모든 눈물을 그 눈에서 닦아 주시니 다시는 사망이 없고 애통하는 것이나 곡하는 것이나 아픈 것이 다시 있지 아니하리니 처음 것들이 다 지나갔음이러라 — 계 21:4
>
> He will wipe every tear from their eyes. There will be no more death or mourning or crying or pain, for the old order of things has passed away. (Rev 21:4)

* 칭찬의 위력

온 동네 사람들의 눈살을 찌푸리게 하던 '골칫덩어리'가 있었다. 사람들은 "저런 녀석이 커서 뭐가 되겠느냐"며 머리를 흔들었다. 그런데 하루는 한 할머니가 이 골칫덩어리의 머리를 쓰다듬으며 "너는 말을 잘하고 사람들을 끄는 재주가 있어. 이런 개성을 잘 살리면 크게 될 거다."라고 말했다.

이 격려의 한마디가 아이의 인생을 바꾸어 놓았다. 아이는 진지하게 앞날에 대해 생각하고 소질을 계발했다. 이 아이가 커서 세계적으로 유명한 전도자가 되었다. 빌리 그레이엄 목사의 이야기다.

May 5/4

사랑하는 자들아 거류민과 나그네 같은 너희를 권하노니 영혼을 거슬러 싸우는 육체의 정욕을 제어하라 – 벧전 2:11

Dear friends, I urge you, as aliens and strangers in the world, to abstain from sinful desires, which war against your soul. (1Pe 2:11)

★ 소유의 근심

베이커 성경주석에 나오는 '재물의 화근론'. "재물에 마음을 둔 사람은 필연적으로 참된 기쁨이나 평안을 누릴 수 없다. 이는 마음속에 언제나 두려움과 걱정과 불안과 의혹과 시기심이 자리 잡고 있기 때문이다. 이러한 자들은 재물을 모으는 데 고생할 뿐만 아니라 지키는 데도 늘 걱정하며 근심한다. 탐욕은 바닥이 없는 심연과도 같아서 결코 채워질 수가 없다. 그들은 재물을 모으면 모을수록 마치 새로운 연료가 불꽃을 더하는 것처럼 한층 탐욕에 타오르는 것이다."

August 8/28

> 육체의 연단은 약간의 유익이 있으나 경건은 범사에 유익하니 금생과 내생에 약속이 있느니라 – 딤전 4:8

For physical training is of some value, but godliness has value for all things, holding promise for both the present life and the life to come. (1Ti 4:8)

★ 대통령과 예수님

워싱턴의 어느 교회 목사관에 전화가 걸려왔다. 교회 출석률이 과히 좋지 않은 한 교인으로부터 걸려온 전화였다. "목사님, 이번 주일에 대통령께서 우리 교회에 참석하시는 게 사실입니까?" 목사가 대답했다. "확실치 않습니다. 그러나 교회에 예수님이 계시다는 것만으로도 예배에 참석할 충분한 이유가 되지 않을까요?"

May 5/5

보라
자식들은 여호와의 기업이요
태의 열매는 그의 상급이로다 – 시 127:3

Sons are a heritage from the LORD, children a reward from him. (Ps 127:3)

＊ 자녀 양육 건강 조제법

외지에 난 '자녀양육을 위한 특별 건강식 조제법'을 소개한다. 주원료는 십계명과 산상수훈. 여기에 잠언 22장 6절 한 컵을 첨가하라. 또 잠언 23장 13절과 잠언 3장 5절을 잘게 썰어 넣는다. 그리고 디도서 2장 3~8절을 골고루 바른다. 그런 다음 데살로니가전서 5장 16~18절과 시편 103편을 양념으로 쓴다. 이렇게 한 다음 로마서 8장 28절을 마지막으로 넣어 센 불로 푹 익혀 매일 규칙적으로 먹이라. 특별한 영양이 필요한 어린이에게는 요한복음 14장 26~27절을 가미하라.

August 8/27

나는 인애를 원하고
제사를 원하지 아니하며 번제보다
하나님을 아는 것을 원하노라 – 호 6:6

For I desire mercy, not sacrifice, and acknowledgment of God rather than burnt offerings. (Hos 6:6)

★ 가치있는 삶의 네 가지 조건

한 학생이 사회 진출을 앞두고 존경하던 노교수를 찾아가 가치 있는 인생이 무엇이냐고 물었다. 노교수는 이야기했다. "행복한 나그네가 있었지. 눈에는 꿈, 귀에는 하늘의 음성, 손에는 칼, 가슴에는 노래가 있었지. 즉 내일에 대한 비전과 하늘의 뜻을 살피는 겸손함, 과감한 결단력과 삶에 대한 사랑, 이 네 가지가 가치 있는 인생의 조건이라네."

May 5/6

> 예수께서 보시고 노하시어 이르시되 어린 아이들이 내게 오는 것을 용납하고 금하지 말라 하나님의 나라가 이런 자의 것이니라 – 막 10:14

When Jesus saw this, he was indignant. He said to them, "Let the little children come to me, and do not hinder them, for the kingdom of God belongs to such as these. (Mk 10:14)

* 어린이는 어떻게 배우나

도로시 로우 홀트의 글을 소개한다.

"만일 어린이가 꾸짖음을 받으며 자란다면 그는 나무라는 것을 배우며, 만일 어린이가 적대감을 느끼고 자란다면 그는 싸움을 배우며, 만일 어린이가 어리석다고 느끼면서 자란다면 그는 열등의식과 자학을 배운다. 그러나 만일 어린이가 관용을 느끼고 자란다면 그는 인내를 배우게 되며, 만일 어린이가 용기를 느끼고 자란다면 그는 확신을 배우게 되며, 만일 어린이가 공정한 평가를 받고 자란다면 그는 정의를 배우게 된다. 어린이가 인정받고 자애로움을 받으며 자란다면 이 세상에서 사랑을 실천하며 자랄 것이다."

August 8/26

그를 높이라 그리하면 그가 너를 높이 들리라 만일 그를 품으면 그가 너를 영화롭게 하리라 그가 아름다운 관을 네 머리에 두겠고 영화로운 면류관을 네게 주리라 하셨느니라 – 잠 4:8~9

Esteem her, and she will exalt you; embrace her, and she will honor you. She will set a garland of grace on your head and present you with a crown of splendor. (Prov 4:8~9)

＊ 헌신은 모든 것을 바치는 것

리빙스턴은 아프리카의 등불이었다. 그가 아프리카에서 헌신하고 있었을 때 영국에 있던 동료들이 도울 것을 의논하고 편지를 보냈다. "자네를 위해 헌신할 수 있는 사람을 현지에 보내려고 하네. 자네가 있는 곳으로 가는 가장 좋은 길을 가르쳐 주게." 리빙스턴은 이렇게 답장했다. "이곳까지 오는데 길이 있어야만 오겠다는 사람이라면 의미 없네. 길이 없어도 오겠다는 사람을 원하네."

May 5/7

또 어려서부터 성경을 알았나니 성경은 능히 너로 하여금 그리스도 예수 안에 있는 믿음으로 말미암아 구원에 이르는 지혜가 있게 하느니라 – 딤후 3:15

And how from infancy you have known the holy Scriptures, which are able to make you wise for salvation through faith in Christ Jesus. (2Ti 3:15)

＊ 성경과 영어사전

샌프란시스코의 한 호텔은 방마다 성경을 놓아두었는데 15년 간 한 권도 분실되지 않았다. 그러나 영어 사전을 놓아두었더니 한 달 사이에 열 네 권이 없어졌다. 사장은 사람들이 하나님의 말씀에는 관심이 없고 인간의 언어에만 관심이 많다며 한탄하였다. 우리에게는 성경에 관심을 모으는 에스라 시대의 워터게이트가 절실히 필요하다. 하나님의 말씀을 다시 찾는 요시야 왕의 정신 혁명이 필요하다.

August 8/25

나는 가난하고 궁핍하오나 주께서는 나를 생각하시오니 주는 나의 도움이시요 나를 건지시는 이시라 나의 하나님이여 지체하지 마소서 – 시 40:17

Yet I am poor and needy; may the Lord think of me. You are my help and my deliverer; O my God, do not delay. (Ps 40:17)

* 새로운 시작은 마음가짐에서부터

침울한 표정의 사업가가 목사를 찾아왔다.
"목사님, 사업이 망했어요. 모든 걸 잃었어요."
목사는 물었다.
"가족을 잃으셨나요?"
"아니오, 그들은 저를 위로하고 있어요."
"건강이나 사업수완을 잃으셨나요?"
"아니오, 몸도 튼튼하고 열망도 있습니다."
"그렇다면 당신은 아직 모든 걸 다 갖고 계시는군요. 새로 시작하십시오."

May 5/8

네 부모를 즐겁게 하며 너를 낳은 어미를 기쁘게 하라

- 잠 23:25

May your father and mother be glad; may she who gave you birth rejoice!
(Prov 23:25)

* 끝없이 주고 싶은 모정

시력이 극도로 나쁜 딸을 둔 어머니가 있었다. 어머니는 심한 약시로 친구들에게 놀림받는 딸을 보며 날마다 눈물을 흘리다 자신의 눈 하나를 이식해주기로 하고 의사를 찾았다. 검사를 마친 의사는 살아있는 사람의 눈을 이식할 경우 시력이 나쁜 쪽을 한다며 왼쪽으로 하자고 말했다. 그러자 어머니는 애원했다. "오른쪽 눈으로 해주세요. 평소 왼쪽은 자주 아팠어요. 딸애가 태어날 때 건강을 주지 못했는데 이번만큼은 좋은 것을 주고 싶어요."

August 8/24

네가 네 하나님 여호와의 말씀을 삼가 듣고 내가 오늘 네게 명령하는 그의 모든 명령을 지켜 행하면 네 하나님 여호와께서 너를 세계 모든 민족 위에 뛰어나게 하실 것이라 – 신 28:1

If you fully obey the LORD your God and carefully follow all his commands I give you today, the LORD your God will set you high above all the nations on earth. (Dt 28:1)

✱ 진정한 성공

진정한 성공은 무엇일까. 피뢰침 발명자이며 미국의 독립선언서 기초 위원이었던 벤자민 프랭클린은 말한다.
"성공하기란 그렇게 어려운 일이 아니다. 다만 그 방법을 그르치기 때문에 성공하지 못하는 것이다. 성공병 환자들은 대개 남의 성공을 시기하는 마음이 강하다. 시기하는 끝에 중상모략 하는데 이런 방법으로 절대 성공하지 못한다. 또 자기 능력이나 실력을 생각하지 않고 단숨에 2단, 3단 뛰어 오르려는 사람도 성공하지 못한다. 오르더라도 곧 떨어지고 말 것이다."

May 5/9

자녀들아 주 안에서 너희 부모에게 순종하라 이것이 옳으니라 네 아버지와 어머니를 공경하라 이것은 약속이 있는 첫 계명이니 이로써 네가 잘되고 땅에서 장수하리라 – 엡 6:1~3

Children, obey your parents in the Lord, for this is right. "Honor your father and mother"--which is the first commandment with a promise-- "that it may go well with you and that you may enjoy long life on the earth." (Eph 6:1~3)

✱ 신앙인 양육

감리교 창시자 요한 웨슬리의 어머니 수산나는 신앙의 힘으로 19명의 자녀를 훌륭하게 키운 여성이다.
다음은 그녀의 자녀교육 원칙.

· 불필요한 간식 엄금 / 저녁 8시 취침
· 아이들의 말을 먼저 경청하고 판단을 내려 주기
· 전원 신앙인으로 양육시키기
· 말하기 시작하면 기도부터 가르치기
· 가정예배 절대정숙, 떠들 때는 아무것도 주지 않기
· 잘못을 고백하면 무조건 용서하고
· 고백하지 않은 잘못은 필히 벌하기
· 약속이행
· 채찍을 두려워하고 훈계를 고맙게 여기게 하기

August 8/23

사랑하는 자들아 우리가 서로 사랑하자 사랑은 하나님께 속한 것이니 사랑하는 자마다 하나님으로부터 나서 하나님을 알고 사랑하지 아니하는 자는 하나님을 알지 못하나니 이는 하나님은 사랑이심이라 – 요일 4:7~8

Dear friends, let us love one another, for love comes from God. Everyone who loves has been born of God and knows God. Whoever does not love does not know God, because God is love. (1Jn 4:7~8)

* 사랑의 힘

1813년 인류 최초로 증기기관차가 철로 위를 달렸다. 영국의 발명가 스티븐슨의 '땀과 눈물의 작품'이었다.

아버지처럼 탄광 화부였던 그의 나이 스무 살이 되도록 글자를 깨치지 못했다. 그랬던 그가 증기기관차까지 발명하게 된 것은 첫 아이를 출산하다 죽은 아내 핸더슨의 공로였다. 그녀는 남편에게 헌신적으로 글자와 산수를 가르쳐 주었던 것이다. 스티븐슨은 흰 연기를 뿜으며 기관차가 달리던 날 '가슴에 살아있는' 아내에게 중얼거렸다.

"여보, 당신의 꿈이 달리고 있다오."

May 5/10

기다리는 자들에게나 구하는 영혼들에게 여호와는 선하시도다 사람이 여호와의 구원을 바라고 잠잠히 기다림이 좋도다 – 애 3:25~26

The LORD is good to those whose hope is in him, to the one who seeks him; it is good to wait quietly for the salvation of the LORD. (La 3:25~26)

* 눈을 연 기도

1534년 영국의 헨리 8세는 종교개혁자이며 성경 번역가인 윌리엄 틴들을 체포하여 감옥에 넣었다. 당시 틴들은 헨리 8세의 빗나간 정치행태를 비판하고 있었다. 결국 2년 후 헨리 8세는 틴들을 화형에 처했다. 틴들은 화염이 밑에서부터 치솟아 오를 때 눈을 감고 "주여, 왕의 눈을 열어주소서."라는 유명한 기도를 남겼다.

틴들의 순교는 헛되지 않았다. 1637년 영국에서 성경이 인쇄, 보급되어 누구나 성경을 읽을 수 있게 되었다. 그것을 명한 사람은 '뒤늦게 눈을 뜬' 헨리 8세였다.

August 8/22

> 여호와의 말씀이니라 너희를 향한 나의 생각을 내가 아나니 평안이요 재앙이 아니니라 너희에게 미래와 희망을 주는 것이니라 – 렘 29:11

For I know the plans I have for you, declares the LORD, plans to prosper you and not to harm you, plans to give you hope and a future. (Jer 29:11)

✻ 불신의 병

어떤 나무꾼이 도끼를 잃어버렸다. 기억을 더듬어 아무리 찾아도 도끼는 보이지 않았다. 그런데 이웃집 소년이 수상쩍어 보였다. 어쩌다 눈이 마주쳐도 허둥지둥 달아다는 것 같았고, 무엇을 숨기는 듯 한 표정이 역력했다. 소년을 범인으로 지목한 다음부터 나무꾼은 기쁨을 잃었다. 자나 깨나 소년을 잡을 생각에 늘 초조했다.

그러던 어느 날 헛간에서 도끼를 발견했다. 그제야 얼마 전 도끼를 헛간에 갖다놓았던 기억이 났다. 그 다음에 그 소년을 보니 그렇게 천진난만하게 보일 수 없었다.

May 5/11

> 누가 누구에게 불만이 있거든
> 서로 용납하여 피차 용서하되
> 주께서 너희를 용서하신 것 같이
> 너희도 그리하고 – 골 3:13
>
> Bear with each other and forgive whatever grievances you may have against one another. Forgive as the Lord forgave you. (Col 3:13)

* 비교된 불행

늘 자신이 불행하다고 생각하는 사람이 있었다. 이 사람의 '불행 원인'은 남과 비교하는 데 있었다. 어느 날 이 사람이 프랑스의 철학자이며 평론가인 알랭(1868~1951)을 만나 자신의 불행을 쏟아 놓았을 때 알랭은 말했다. "남보다 나은 점에서 행복을 구한다면 영원히 행복하지 못할 것입니다. 왜냐하면 누구든지 남보다 한 두가지 나은 점은 있어도 전부가 뛰어날 수는 없기 때문입니다. 행복이란 남과 비교해서 얻는 것이 아니라 스스로 만족하는 데서 얻는 것입니다."

August 8/21

하나님의 나라는
말에 있지 아니하고
오직 능력에 있음이라 – 고전 4:20

For the kingdom of God is not a matter of talk but of power. (1Co 4:20)

★ 천재의 비결

위대한 과학자 토머스 에디슨은 1931년 85세의 일기로 세상을 떠났다. 1천여 가지의 놀라운 발명으로 인류에 공헌한 능력은 어디서 나온 것일까.

그는 말년에 한 기자로부터 "노인이 되어서도 왕성하게 연구할 수 있었던 비결이 무엇이었느냐?"는 질문을 받고 이렇게 대답했다. "신앙의 힘이었습니다. 영원에 대한 믿음이 저로 하여금 현재의 삶을 더 충실하게 했습니다. 인간에게 영원의 세계가 있음을 저는 믿습니다. 죽음은 현세의 출구인 동시에 영원의 입구입니다."

May 5/12

> 만군의 여호와께서 맹세하여 이르시되 내가 생각한 것이 반드시 되며 내가 경영한 것을 반드시 이루리라 – 사 14:24
>
> The LORD Almighty has sworn, "Surely, as I have planned, so it will be, and as I have purposed, so it will stand. (Is 14:24)

★ 요청의 신

겁나는 세상에 우리가 살고 있다. 계속되는 지진, 끔찍한 전쟁, 반인륜적인 살상, 대형 비리, 무너지는 경제, 파괴되는 가정 등 어떻게 보면 살맛 안 나는 세상이다. 하나님은 과연 계시는가? 도덕의 윤리를 양심의 자유에서 구하고 그 위에 종교를 구축했던 독일의 철학자 임마누엘 칸트는 '요청의 신(神)'이란 용어를 사용하면서 다음과 같이 말했다.

"하나님, 저는 하나님이 계시는지 안 계시는지 잘 모르겠습니다. 그러나 하나님, 이 세계 질서와 평화를 위해서는 반드시 계셔야 합니다."

August 8/20

그런즉 사랑하는 자들아 이 약속을 가진 우리는 하나님을 두려워하는 가운데서 거룩함을 온전히 이루어 육과 영의 온갖 더러운 것에서 자신을 깨끗하게 하자 – 고후 7:1

Since we have these promises, dear friends, let us purify ourselves from everything that contaminates body and spirit, perfecting holiness out of reverence for God. (2Co 7:1)

★ 역경의 극복

52세 때 실명한 사람이 있었다. 당시 그는 시력뿐만 아니라 아내도 여의었으며 반대세력에 의해 감금되는 바람에 자유도 잃었다. 주위 사람들은 그가 실의에 빠져 탄식하다가 곧 죽을 줄 알았다. 그러나 그는 모든 절망을 이기고 15년 후인 1655년 불후의 명작을 저술하여 역사에 남는 인물이 되었다. 바로 <실락원>을 쓴 존 밀턴의 이야기다. 그는 말한다. "정말 비참한 일은 앞을 못 보게 된 것이 아니라 앞을 못 보는 환경을 이겨낼 수 없다고 말하며 주저앉는 것이다."

5/13 May

너의 행사를 여호와께 맡기라
그리하면 네가 경영하는 것이
이루어지리라 – 잠 16:3

Commit to the LORD whatever you do, and your plans will succeed. (Prov 16:3)

★ 영혼의 표적

헨리 워드 비처 목사가 인디애나폴리스에서 목회하는 동안 음주와 노름을 비난하는 설교를 계속했다. 이 설교는 술집과 노름에 종사하는 사람들을 분노케 했다. 어느 주일, 노름판의 두목이 엽총을 들고 교회로 들어와 비처 목사를 향해 "당신의 설교를 철회하라. 그렇지 않으면 쏘아버리겠다."라고 외쳤다. 그러자 비처 목사가 말했다. "쏘아라." 비처 목사는 다시 힘주어 말했다. "당신이 나를 표적으로 삼는 것처럼 하나님께서 당신의 영혼을 표적으로 삼고 있소." 이 말을 들은 두목은 슬그머니 엽총을 내리고 교회 밖으로 나갔다. (마 10:28)

August 8/19

아무에게도 악을 악으로 갚지 말고 모든 사람 앞에서 선한 일을 도모하라 할 수 있거든 너희로서는 모든 사람과 더불어 화목하라 – 롬 12:17~18

Do not repay anyone evil for evil. Be careful to do what is right in the eyes of everybody. If it is possible, as far as it depends on you, live at peace with everyone. (Ro 12:17~18)

＊전쟁… 그 후

1972년 6월 8일. 베트남 전쟁의 참상을 보여주는 한 장의 사진이 전 세계에 보도됐다. 사진의 주인공은 9살짜리 킴폭. 불붙은 몸으로 절규하며 거리로 뛰쳐나가는 이 모습은 모든 사람에게 충격을 주었다. 많은 세월이 지난 지금, 그녀는 아들을 둔 엄마가 되어 캐나다 북부에서 평온하게 살고 있다. 특히 그녀는 독실한 크리스천이 되어 '세계평화'를 위해 기도하고 있다. 그는 말한다.
"신앙을 가진 뒤 모든 증오심을 버렸습니다."

May 5/14

시험을 참는 자는 복이 있나니 이는 시련을 견디어 낸 자가 주께서 자기를 사랑하는 자들에게 약속하신 생명의 면류관을 얻을 것이기 때문이라 – 약 1:12

Blessed is the man who perseveres under trial, because when he has stood the test, he will receive the crown of life that God has promised to those who love him. (Jas 1:12)

✱ 순간의 고통과 영원한 삶

영국의 메리 여왕은 1553년 왕위에 오른 후 기독교인을 심하게 핍박했다. 신앙을 지킨다는 이유로 죽음을 당했던 사람들 가운데는 평생 가난한 이들을 위해 헌신하던 후퍼도 있었다. 후퍼의 화형을 담당한 집행관은 후퍼에게 신앙을 포기하면 살려주겠다고 구슬렸다. "생각해 보시오. 인생은 즐겁고 죽음은 고통스럽지 않소?" 그러나 후퍼는 전혀 동요하지 않고 대답했다. "그렇기도 합니다. 하지만 비신앙인은 영원한 고통의 삶을 살아야 합니다."

August 8/18

여호와께서 너를 실족하지 아니하게 하시며 너를 지키시는 이가 졸지 아니하시리로다 이스라엘을 지키시는 이는 졸지도 아니하시고 주무시지도 아니하시리로다 – 시 121:3~4

He will not let your foot slip--he who watches over you will not slumber; indeed, he who watches over Israel will neither slumber nor sleep. (Ps 121:3~4)

★ 희망은 죽음도 물리친다.

삼풍백화점 붕괴현장에서 285시간 만에 기적적으로 구출된 유지환양. 그녀에게 기적을 안겨준 것은 '희망'이라는 이름의 묘약이었다. 미국의 한 소년도 열세살 때 무릎을 다쳐 다리를 절단해야 할 상황이었다. 그러나 그와 가족들은 절단을 포기하고 하나님께 간절히 기도드렸다. 의사는 기적이 일어나지 않는 한 소년의 생명을 구할 수 없다고 했다. 그러나 3주일 후 소년은 당당히 걷게 됐다. 이 소년이 바로 아이젠하워 대통령이었다.

May 5/15

종들아 모든 일에 육신의 상전들에게 순종하되 사람을 기쁘게 하는 자와 같이 눈가림만 하지 말고 오직 주를 두려워하여 성실한 마음으로 하라 - 골 3:22

Slaves, obey your earthly masters in everything; and do it, not only when their eye is on you and to win their favor, but with sincerity of heart and reverence for the Lord. (Col 3:22)

* 위대한 스승

듣지 못하고 보지 못하며 말하지 못하는 장애인으로 가장 위대하게 산 인물은 헬렌 켈러 여사일 것이다. 헬렌 켈러가 있기까지 '설리번 선생님'이 있었다. 설리번은 '삼중고의 장애인'을 헌신적으로 가르쳐 후에 인문학사, 법학박사까지 되게 했다. 그리고 일생을 마치는 날까지 그녀를 위해 살았다. 헬렌 켈러는 이 '위대한 스승'을 잃고 난 후 이렇게 적었다.

"내게 단 한 번 볼 수 있고 말할 수 있는 기회가 주어진다면 설리번 선생님의 얼굴을 보고 '감사합니다'라고 말하고 싶다."

August 8/17

너희는 세상의 소금이니 소금이 만일 그 맛을 잃으면 무엇으로 짜게 하리요 후에는 아무 쓸 데 없어 다만 밖에 버려져 사람에게 밟힐 뿐이니라 – 마 5:13

You are the salt of the earth. But if the salt loses its saltiness, how can it be made salty again? It is no longer good for anything, except to be thrown out and trampled by men. (Mt 5:13)

＊ 성공한 사람

누가 성공한 사람일까. 영국의 작가인 로버트 스티븐슨은 다음과 같이 말한다.

"자주 웃고 많이 사랑하는 사람은 성공한 사람이다. 사람들로부터 존경을 받고 자녀들의 사랑을 받는 사람은 성공한 사람이다. 공적을 쌓아 자신에게 맡겨진 일을 마친 사람은 성공한 사람이다. 아름다운 시를 썼다든지 영혼을 구원의 길로 인도했다든지 해서 이전의 세상보다 더 나은 세상을 가꾼 사람은 성공한 사람이다. 다른 사람에게서 가능성을 발견하고 그것을 각자에게 깨우쳐 준 사람은 성공한 사람이다."

May 5/16

> 주의 손가락으로 만드신 주의 하늘과 주께서 베풀어 두신 달과 별들을 내가 보오니 사람이 무엇이기에 주께서 그를 생각하시며 인자가 무엇이기에 주께서 그를 돌보시나이까 – 시 8:3~4
>
> When I consider your heavens, the work of your fingers, the moon and the stars, which you have set in place, what is man that you are mindful of him, the son of man that you care for him? (Ps 8:3~4)

★ 아름다움에 대한 깨달음

1828년 러시아에 아주 못생긴 소년이 태어났다. 소년은 자신의 넓적한 코, 두꺼운 입술, 작은 회색 눈, 긴 팔다리를 비관하며 "나는 너무 못생겨서 도저히 행복한 생활을 할 수 없을 거야."라고 입버릇처럼 말했다. 그러나 소년은 자라면서 인생의 행복은 외모에 있지 않고 내면의 풍요로움에 있다는 것을 깨달았다. 또 진정한 아름다움이란 사랑에 있다는 것도 알았다. 특히 소년은 어른이 된 후 신앙의 가치가 참된 미라는 것을 알았고, 이 신념이 승화된 명작을 남겼다. 이 소년이 <부활>의 작가 톨스토이다.

August 8/16

형제들아 내가 이것을 말하노니 혈과 육은 하나님 나라를 이어 받을 수 없고 또한 썩는 것은 썩지 아니하는 것을 유업으로 받지 못하느니라 – 고전15:50

I declare to you, brothers, that flesh and blood cannot inherit the kingdom of God, nor does the perishable inherit the imperishable. (1Co 15:50)

* 종교는 죄악을 다스리는 빛

세계적인 부흥사 빌리 그레이엄 목사의 일화. 어떤 사람이 목사를 만나 부패한 시대를 한참 개탄한 뒤 세상이 너무 험악해 종교까지 사라지게 될지 모르겠다고 했다.
그러자 그레이엄 목사는 세상이 험악하기 때문에 종교는 실종되지 않고 더욱 필요하다고 말했다. 물이 넘치면 배가 꼭 필요한 법이다.

May 5/17

각각 그 마음에 정한 대로 할 것이요 인색함으로나 억지로 하지 말지니 하나님은 즐겨 내는 자를 사랑하시느니라 – 고후 9:7

Each man should give what he has decided in his heart to give, not reluctantly or under compulsion, for God loves a cheerful giver. (2Co 9:7)

* 돈으로 살 수 없는 것들

돈으로 인생의 부속품은 살 수 있을지 몰라도 인생 자체는 살 수 없다.
외지에 난 글.
"돈으로 침대는 살 수 없지만 잠은 살 수 없다. 책은 살 수 없지만 두뇌는 살 수 없다. 음식은 살 수 있지만 식욕은 살 수 없다. 장식품은 살 수 있지만 건강은 살 수 없다. 집은 살 수 있지만 가정은 살 수 없다. 사치품은 살 수 있지만 문화는 살 수 없다. 오락은 살 수 있지만 행복은 살 수 없다. 십자가 목걸이는 살 수 있지만 구원은 살 수 없다."

August 8/15

동이 서에서 먼 것 같이 우리의 죄과를 우리에게서 멀리 옮기셨으며 아버지가 자식을 긍휼히 여김 같이 여호와께서는 자기를 경외하는 자를 긍휼히 여기시나니 – 시 103:12~13

As far as the east is from the west, so far has he removed our transgressions from us. As a father has compassion on his children, so the LORD has compassion on those who fear him; (Ps 103:12~13)

* 용서하는 마음은 아름답다

남매가 사소한 일로 다투다가 격한 감정으로 대립했다. 어머니가 오자 서로 상대방의 핑계를 댔다. 두 아이의 말을 들은 어머니는 손을 잡고 이렇게 달랬다. "누가 먼저 시작했는지 알고 싶지 않단다. 내가 알고 싶은 건 누가 먼저 그만두려 하는가, 누가 먼저 화평한 사람이 되는가 하는 점이란다."

May **5/18**

여호와는 나의 빛이요 나의 구원이시니 내가 누구를 두려워하리요
여호와는 내 생명의 능력이시니 내가 누구를 무서워하리요 – 시 27:1

The LORD is my light and my salvation--whom shall I fear? The LORD is the stronghold of my life--of whom shall I be afraid? (Ps 27:1)

＊ 실패를 두려워 말자

폴란드의 유명한 피아니스트 파데르브스키는 첫 레슨을 받고 나서 선생으로부터 "네 손은 조막손이니 아예 그만두는 게 좋겠다."라는 말을 들었다. 불후의 테너 가수 카루소도 처음 노래를 부르고 나서 '구멍 뚫린 문풍지에서 나는 목소리'란 혹평을 들었다. 월트 디즈니가 처음 만화원고를 들고 신문사를 찾았을 때 '수준 이하' 라는 말을 들으며 거절당했다. 자동차왕 포드는 첫 자동차를 만든 후 후진 기어를 안 달았다는 사실을 알았다. 인생을 망치는 것은 실패가 아니라 좌절이다.

August 8/14

오직 성령의 열매는 사랑과 희락과 화평과 오래 참음과 자비와 양선과 충성과 온유와 절제니 이같은 것을 금지할 법이 없느니라 – 갈 5:22~23

But the fruit of the Spirit is love, joy, peace, patience, kindness, goodness, faithfulness, gentleness and self-control. Against such things there is no law. (Gal 5:22~23)

* 변화는 바로 지금부터

웬델 필립스는 미국의 사회개혁가 변호사로 노예제도 폐지를 부르짖었던 사람이다. 그가 이처럼 신념에 찬 행동을 할 수 있었던 배후에는 아내의 내조가 있었다. 아내는 남편이 용기를 잃지 않도록 아침마다 말했다. "여보, 변화는 지금부터예요. 망설일 것 없어요."

May 5/19

어찌하여 형제의 눈 속에 있는 티는 보고 네 눈 속에 있는 들보는 깨닫지 못하느냐 – 마 7:3

Why do you look at the speck of sawdust in your brother's eye and pay no attention to the plank in your own eye? (Mt 7:3)

* 문제는 '나'

상담전문가인 어떤 교수의 고백. 은행에 갈 때마다 인상을 쓰는 여직원이 있었다. 은행 창구에서 그런 분위기를 강하게 느낀 교수는 어느 날 그 여직원에게 화를 내며 "도대체 왜 나만 보면 인상을 쓰냐?"고 물었다. 그러자 여직원이 "언제나 선생님이 뭔가 폭발할 것 같은 인상을 쓰며 저를 대하셨어요."라고 대답하는 것이 아닌가. 그제서야 교수는 자신의 내면에 쌓였던 문제가 외부로 표출되었다는 것을 깨닫고 사과했다. 문제의 원인 제공자는 '나'일 때가 있다.

August 8/13

주의 말씀은 내 발에 등이요 내 길에 빛이니이다 – 시 119:105

Your word is a lamp to my feet and a light for my path. (Ps 119:105)

* 쉼표가 없는 믿음의 삶

인도에서 복음을 전하던 89세의 할아버지 선교사가 뇌일혈로 쓰러져 걷지 못하고 본국인 미국으로 돌아가야 했다. 그러나 이 할아버지는 '예수님의 이름으로 걸을 수 있다'는 믿음을 가짐으로써 반년 만에 다시 일어나 인도로 가 복음을 증거했다. 이 선교사가 '인도의 성자'로 불리는 스탠리 존스다. 그는 주님께서 마침표를 찍으실 때까지 자신이 결코 쉼표를 찍지 않았다. 그의 고향은 미국도 인도도 아닌 오직 예수님이었다.

May 5/20

가난한 자를 불쌍히 여기는 것은 여호와께 꾸어 드리는 것이니 그의 선행을 그에게 갚아 주시리라 – 잠 19:17

He who is kind to the poor lends to the LORD, and he will reward him for what he has done. (Prov 19:17)

★ 찢어진 우산

영국의 메리 여왕은 가끔 모자를 눌러쓰고 허름한 옷을 입고 혼자 거리를 다녔다. 민정 시찰이었다. 어느 날 소나기가 쏟아져 한 가게에 들어가 우산을 빌렸다. 가게 주인은 다 찢어져 못 쓰게 된 우산을 던져 주었다. 이튿날 으리으리한 예복 차림의 왕실 신하가 주인에게 찢어진 우산을 돌려주며 말했다.
"여왕 폐하께서 어제 우산을 잘 써서 고맙다고 하십니다."
가게 주인은 쥐구멍 찾기에 바빴을 것이다.

August 8/12

보라 그의 마음은 교만하며 그 속에서 정직하지 못하나 의인은 그의 믿음으로 말미암아 살리라 – 합 2:4

See, he is puffed up; his desires are not upright--but the righteous will live by his faith. (Hab 2:4)

✱ 사후를 약속하는 믿음

체험적인 설교로 유명한 미국의 필립 브룩스 목사는 임종 전 손님들의 방문을 일절 사양했다. 그런데 법률가 잉거솔만은 방문을 허락했다. 잉거솔은 감사의 표시를 했다. 그러나 브룩스 목사는 그의 손을 잡고 말했다. "여보게, 다른 사람과는 천국에서 다시 만날 것 같아 따로 만나지 않았지. 그러나 당신과는 아무래도 만나지 못할 것 같아. 믿음을 가지게, 제발."

May 5/21

내 말과 내 전도함이 설득력 있는 지혜의 말로 하지 아니하고 다만 성령의 나타나심과 능력으로 하여 – 고전 2:4

My message and my preaching were not with wise and persuasive words, but with a demonstration of the Spirit's power, (1Co 2:4)

* 개구리 실험

실험실에서 개구리 한 마리를 차가운 물이 담긴 큰 비커에 넣었다. 그리고 1초에 화씨 0.017도씩 데워지도록 불꽃을 아주 작게 해 놓았다. 온도가 서서히 높아지기 때문에 개구리는 온도의 변화를 눈치 채지 못했다. 마음만 먹으면 당장이라도 비커에서 뛰어올라 안전한 곳으로 갈 수 있음에도 불구하고 개구리는 태평스럽게 앉아 있었다. 두 시간 반쯤 지난 뒤 개구리는 뜨거운 물에 푹 삶아져서 죽고 말았다. 만약 자기를 죽이는 좋지 않은 습관이 있다면 빨리 버려야 한다.

August 8/11

오직 나는 여호와를 우러러보며 나를 구원하시는 하나님을 바라보나니 나의 하나님이 나에게 귀를 기울이시리로다 – 미 7:7

But as for me, I watch in hope for the LORD, I wait for God my Savior; my God will hear me. (Mic 7:7)

★ 말씀은 위대한 유산

조나단 에드워즈는 세계적으로 알려진 17세기의 칼뱅주의 신학자였다. 그는 "하나님을 경외하고 이웃을 사랑하라."는 교훈을 받으며 자랐다. 이 경건한 가정의 후손들 4백여 명은 에드워즈의 가르침에 따라 학장, 목사, 신학자, 법관, 작가 등이 되어 사회에 봉사했다. 그들 모두 하나님을 경외하고 이웃을 사랑하라는 가르침을 배우고 실천했다.

May 5/22

무릇 하나님께로부터 난 자마다 세상을 이기느니라 세상을 이기는 승리는 이것이니 우리의 믿음이니라 – 요일 5:4

For everyone born of God overcomes the world. This is the victory that has overcome the world, even our faith. (1Jn 5:4)

★ 천사와의 대화

요한 웨슬리가 어느 날 꿈속에서 천국 구경을 했다. 천국 문 앞에서 요한 웨슬리는 천사에게 "이 곳에 장로 교인이 있습니까?"하고 물었다. "아니오." "그럼 웨슬리 교파 교인이 있습니까?" "아니오." "오순절 교파 교인이 있습니까?" "아니오." 당황한 웨슬리는 "그러면 이곳에 누가 있습니까?" 라고 물었다. 그러자 천사가 웃으며 대답했다. "당신이 말하는 사람들은 이곳에 없습니다. 이곳에는 교파의 사람들이 없고 단지 기독교인만이 있을 뿐입니다."

August 8/10

노하기를 더디 하는 것이
사람의 슬기요 허물을 용서하는 것이
자기의 영광이니라 – 잠 19:11

A man's wisdom gives him patience; it is to his glory to overlook an offense.
(Prov 19:11)

★ 화가 치밀 땐 휘파람을

독일의 대통령 한덴부르크는 평생을 낙천적으로 살았다. 특히 그는 남들로부터 '격발성 분노'를 일으킬만한 이야기를 들었을 때 그것을 슬기롭게 극복해 존경받았다. 한 신문기자가 그에게 감정조율의 비결을 묻자 이렇게 대답했다. "화나는 일이 있을 때마다 휘파람을 불어 분노를 날려버린답니다."

May **5/23**

하나님이 우리에게 주신 것은 두려워하는 마음이 아니요 오직 능력과 사랑과 절제하는 마음이니 – 딤후 1:7

For God did not give us a spirit of timidity, but a spirit of power, of love and of self-discipline. (2Ti 1:7)

★ 에디슨 감사의 조건

에디슨이 청각장애를 앓게 된 것은 소년시절 신문을 팔다 기차에서 떨어졌기 때문이다. 에디슨은 신문을 팔며 기차의 한구석에서 실험을 하곤 했는데 어느 날 기차의 진동으로 실험 약품이 떨어져 불이 났고, 이에 격분한 차장이 에디슨을 떠밀었던 것이다. 후에 에디슨은 "귀가 잘 들리지 않아 연구에 힘들지 않았습니까?"라는 질문을 받고 이렇게 대답했다. "나는 귀머거리가 된 것을 감사하게 생각합니다. 딴 소리에 신경 쓰지 않고 연구에만 몰두할 수 있었으니까요."

August 8/9

> 너희는 가서 내가 긍휼을 원하고 제사를 원하지 아니하노라 하신 뜻이 무엇인지 배우라 나는 의인을 부르러 온 것이 아니요 죄인을 부르러 왔노라 하시니라 – 마 9:13
>
> But go and learn what this means: 'I desire mercy, not sacrifice.' For I have not come to call the righteous, but sinners. (Mt 9:13)

* 참사람 부재

소돔과 고모라는 의인 열 사람이 없어 불과 유황의 심판을 받고 망했다. 세상에는 수없이 많은 사람들이 있지만 정말 '사람다운 사람'은 몇이나 될까. 이 시대는 진정한 의미의 '사람'이 필요할 때다. 임진왜란 당시 진주성이 함락된 후 논개는 촉석루에서 왜장을 껴안고 남강에 투신했다. 바로 그 전 왜장은 그의 부하와 이런 대화를 나누었다고 전해진다.

"세상에서 가장 많은 것이 무엇이냐?"
"사람입니다."
"세상에서 가장 적은 것이 무엇이냐?"
"사람입니다."

May 5/24

> 그러므로 내가 그리스도를 위하여 약한 것들과 능욕과 궁핍과 박해와 곤고를 기뻐하노니 이는 내가 약한 그 때에 강함이라 – 고후 12:10

That is why, for Christ's sake, I delight in weaknesses, in insults, in hardships, in persecutions, in difficulties. For when I am weak, then I am strong. (2Co 12:10)

* 증오의 고통을 없애는 법

'증오에 따른 고통'을 어떻게 해소해야 하나. 위대한 부흥사 무디(1837~1899)는 이런 이야기를 한다. 한 동네에 서로 경쟁하는 두 상점이 있었다. 한쪽 주인은 신앙인이어서 경쟁에 따른 증오와 대립에 고민하다가 목사와 상담, "당신 가게에 손님이 오면 경쟁 상점으로 보내세요."라는 권면을 들었다. 힘든 일이었지만 그는 그대로 했고, 마음의 평화를 얻었다.

그런데 놀라운 일이 일어났다. '원수의 상점'에서도 손님을 이 주인에게 보내오는 것이었다. 그리고 그들은 서로 만나 지기지우가 되었다.

August 8/8

> 오직 선을 행함과 서로 나누어 주기를 잊지 말라 하나님은 이같은 제사를 기뻐하시느니라 —히 13:16
>
> And do not forget to do good and to share with others, for with such sacrifices God is pleased. (Heb 13:16)

＊ 소식과 금욕

인간은 몇 살까지 살 수 있을까. 미국의 노화연구소의 조지 로스 연구원을 비롯한 전문가들의 의견은 다음과 같다. "소식과 금욕이 장수의 열쇠이며, 이를 잘 실천하면 최고 170세까지 살 수 있다." 신체 조건의 점진적인 약화와 노화의 원인이 되는 물질은 산소 원자 같은 이른 바 '자유기'인데, 이 자유기의 생성을 줄이는 방법이 바로 소식과 금욕이라는 것이다.

"마른 떡 한 조각만 있고도 화목하는 것이 육선이 가득하고 다투는 것보다 나으니라" (잠 17:1)

May 5/25

깊도다 하나님의 지혜와 지식의 풍성함이여, 그의 판단은 헤아리지 못할 것이며 그의 길은 찾지 못할 것이로다

- 롬 11:33

Oh, the depth of the riches of the wisdom and knowledge of God! How unsearchable his judgments, and his paths beyond tracing out! (Ro 11:33)

* 지혜의 왕

솔로몬은 '지혜의 왕'으로 소문이 나 있었다. 당시 아라비아 남부의 스바 여왕이 소문을 듣고 많은 보석을 지참하여 솔로몬을 만난 기록이 구약 열왕기상 10장에 나온다. 전설에 따르면 이 때 스바 여왕은 솔로몬의 지혜를 시험하기 위해 가짜 꽃과 진짜 꽃을 먼 거리에 두고 감별해 보라고 했다. 솔로몬은 빙긋이 웃은 후 신하로 하여금 벌통을 가져오게 해 벌들을 그 곳에 풀었다. 그러자 벌들이 진짜 꽃에 날아가 앉았다. 생명은 생명끼리 통한다.

August 8/7

그리스도를 위하여 너희에게 은혜를 주신 것은 다만 그를 믿을 뿐 아니라 또한 그를 위하여 고난도 받게 하려 하심이라 - 빌 1:29

For it has been granted to you on behalf of Christ not only to believe on him, but also to suffer for him (Php 1:29)

* 고난을 극복하는 자세

인도에 선교사로 갔던 한 핀란드 여선교사가 폐병에 걸려 고향으로 돌아오게 되었다. 고향에서 휴양하며 농사일을 돕던 중 이번에는 탈곡기에 오른쪽 팔을 크게 다치게 되었다. 하지만 여선교사는 이렇게 기도했다. "주님, 이제 오른팔이 없습니다. 제가 무엇을 하기 원하십니까?" 많은 사람들이 고난을 당하면 "왜 제게 이런 시련을 주십니까?"라고 기도한다. 그러나 이 여선교사는 '왜'라고 하지 않고 오히려 '무엇을'이라고 함으로써 고난을 극복했다.

5/26

너희 소유를 팔아 구제하여 낡아지지 아니하는 배낭을 만들라 곧 하늘에 둔 바 다함이 없는 보물이니 거기는 도둑도 가까이 하는 일이 없고 좀도 먹는 일이 없느니라 – 눅 12:33

Sell your possessions and give to the poor. Provide purses for yourselves that will not wear out, a treasure in heaven that will not be exhausted, where no thief comes near and no moth destroys. (Lk 12:33)

✱ 빈민의 천사

빈민구제활동으로 1979년 노벨평화상을 받은 테레사 수녀는 거의 50년을 가난한 사람들을 위해 살았다. 그녀에게 어떤 사람이 물었다. "헌신과 수고라는 것은 그래도 가능성 있는 사람들에게 해야 가치 있는 것이 아닙니까? 가망 없는 사람들을 위해 수고할 필요가 있겠습니까?" 그러자 '빈민가의 천사'는 이렇게 말했다.

"그들도 천사처럼 죽어갈 권리가 있습니다."

August 8/6

이르시되 내가 은혜 베풀 때에 너에게 듣고 구원의 날에 너를 도왔다 하셨으니 보라 지금은 은혜 받을 만한 때요 보라 지금은 구원의 날이로다 – 고후 6:2

For he says, "In the time of my favor I heard you, and in the day of salvation I helped you." I tell you, now is the time of God's favor, now is the day of salvation. (2Co 6:2)

* 죄 씻음의 피

루터에 관한 이야기가 있다. 루터가 심한 병에 걸렸을 때 악마 하나가 그의 병상으로 들어왔다. 그 악마는 루터를 자신만만하게 바라보았다. 그리고 그 악마는 긴 두루마기를 펼쳐보였다. 그 두루마기에는 루터 자신이 그동안 지었던 모든 죄가 낱낱이 적혀있었다. 루터의 가슴은 점점 움츠러들었다. 그 때 갑자기 루터의 마음에 한 가지 생각이 떠올랐다. 그래서 그는 큰 소리로 "네가 잊은 것이 하나 있다. 그것은 예수 그리스도의 보혈이 우리의 죄를 씻어주셨다는 사실이다."라고 말했다. 루터는 이렇게 말하고 평온을 되찾게 되었다.

May 5/27

> 내 안에 거하라 나도 너희 안에 거하리라 가지가 포도나무에 붙어 있지 아니하면 스스로 열매를 맺을 수 없음 같이 너희도 내 안에 있지 아니하면 그러하리라 – 요 15:4

Remain in me, and I will remain in you. No branch can bear fruit by itself; it must remain in the vine. Neither can you bear fruit unless you remain in me. (Jn 15:4)

★ 작지만 넘치는 집

미국의 자동차왕 헨리 포드는 대기업을 일으킨 뒤 고향에 조그마한 집 한 채를 지었다. 대기업 총수가 살기에는 아주 작고 평범한 집이었다. "이건 너무 초라하지 않느냐. 호화롭지 않더라도 생활이 불편해서야 되겠느냐." 주위 사람들이 걱정스러운 눈빛으로 포드를 바라보았다. 그러자 그는 얼굴 가득 미소를 띠며 대답했다. "가정은 건물이 아니다. 비록 작고 초라하더라도 예수님의 사랑이 넘치면 그 곳은 위대한 집이다."

August 8/5

하나님의 어리석음이
사람보다 지혜롭고
하나님의 약하심이
사람보다 강하니라 – 고전 1:25

For the foolishness of God is wiser than man's wisdom, and the weakness of God is stronger than man's strength. (1Co 1:25)

★ 침묵의 신비

어떤 수도사에게 여인이 찾아와 "남편과의 다툼 때문에 살 수가 없다."고 하소연하였다. 수도사는 물이 담긴 병을 하나 주면서 "남편과 다투기 직전 이 물을 한 모금 입에 물고 삼키지 말라."고 말했다. 여인은 남편이 시비를 걸 때마다 그렇게 했다. 그러자 가정이 조용해지고 부부가 화목하게 되었다. 후에 여인이 수도사를 찾아가 '신기한 물'이라고 감탄하자 수도사가 말했다. "그 물은 평범한 물입니다. 다만 침묵이 신비로울 뿐입니다."

May 5/28

> 형통한 날에는 기뻐하고 곤고한 날에는 되돌아 보아라 이 두 가지를 하나님이 병행하게 하사 사람이 그의 장래 일을 능히 헤아려 알지 못하게 하셨느니라 – 전 7:14
>
> When times are good, be happy; but when times are bad, consider: God has made the one as well as the other. Therefore, a man cannot discover anything about his future. (Eccl 7:14)

★ 인생은 미완성

믿었던 사람에게 사기를 당해 사업에 실패, 좌절한 사람이 목사와 상담을 했다. 이 사람은 "이제 제 인생은 산산조각이 났어요. 왜 하나님께서 저를 이런 인생으로 만드셨나요?"라고 절규했다. 목사는 말했다. "형제님, 하나님께서 형제님의 인생을 다 만드신 것이 아닙니다. 지금 만들어지고 있는 중이지요. 무조건 불평하지 말고 고난에 나타난 뜻을 헤아리십시오." 그는 이 말을 듣고 회개했고 얼마 후 고난은 끊임없이 인생을 만들어 가시는 하나님의 뜻이라고 간증했다.

August 8/4

그는 정직한 자를 위하여 완전한 지혜를 예비하시며 행실이 온전한 자에게 방패가 되시나니 – 잠 2:7

He holds victory in store for the upright, he is a shield to those whose walk is blameless. (Prov 2:7)

★ 아들을 친 '뺑소니 운전'

얼마 전 미국 플로리다에서 실제로 일어났던 비극.
자전거를 타고 학교에서 집으로 돌아가던 한 소년이 자동차에 치였다. 자동차 운전사는 피 흘리는 소년을 놔둔 채 뺑소니쳤다. 다행히 '뺑소니 차량번호'를 본 사람이 이 사실을 신고, 경찰이 추적하여 그날로 범인을 검거했는데 놀랍게도 범인은 피해자의 아버지였다. 그러니까 아버지는 피해자가 자기 아들인 줄도 모르고 사고를 낸 후 뺑소니쳤던 것이다.
'비양심'은 드러나게 마련이며 거기에는 '심판'이 있다.

May 5/29

너는 하나님과 화목하고 평안하라 그리하면 복이 네게 임하리라 - 욥 22:21

Submit to God and be at peace with him; in this way prosperity will come to you. (Job 22:21)

★ 파멸의 술

중동 지역에서 전해지는 이야기.
사탄이 한 사람에게 접근해 위협했다. "목숨을 빼앗기지 않으려면 다음 세 가지 중 한 가지를 택하라." "세 가지가 무엇입니까?" "네 어머니를 죽이든지 누이동생을 창녀로 팔든지 그렇지 않으면 술 열 잔을 먹든지 하라." "어떻게 어머니를 죽이고 누이동생을 거리에 팔겠소. 그러니 마지막 조건인 술을 먹겠소." 이렇게 말한 후 그는 술 열 잔을 먹고 집에 돌아갔다. 그러나 그는 술에 취해 누이동생을 팔고 나중에는 어머니까지 살해했다.

August 8/3

> 물이 바다를 덮음 같이
> 여호와의 영광을 인정하는 것이
> 세상에 가득함이니 – 합 2:14

For the earth will be filled with the knowledge of the glory of the LORD, as the waters cover the sea. (Hab 2:14)

찬송의 힘

1346년 유럽은 페스트의 공포에 휩싸였다. 크리스마스 이브를 맞은 런던은 조용했다. 그런데 청년 몇 명이 거리에 나와 캐럴을 힘차게 부르며 행진했다. 이것은 삽시간에 수백 명의 합창이 되었고, 공포에 떨던 런던의 하늘은 우렁찬 찬송으로 수놓아졌다. 찬송은 영혼을 깨우고 치료하는 힘을 가졌다.

May 5/30

여호와여 내 입에 파수꾼을 세우시고 내 입술의 문을 지키소서 내 마음이 악한 일에 기울어 죄악을 행하는 자들과 함께 악을 행하지 말게 하시며 그들의 진수성찬을 먹지 말게 하소서 – 시 141:3~4

Set a guard over my mouth, O LORD; keep watch over the door of my lips. Let not my heart be drawn to what is evil, to take part in wicked deeds with men who are evildoers; let me not eat of their delicacies. (Ps 141:3~4)

＊ 언행의 자유

'자유'에 대한 우화 한 토막.
통제받는 마을에 살던 개가 자유로운 마을로 탈출했다. 그날 밤 탈출해 온 개에게 자유로운 마을의 개가 물었다. "먼저 살던 곳에서는 잠자리가 없었니?" "아니." "그러면 친구들이 없었니?" "아니." "그런데 왜 위험을 무릅쓰고 이곳으로 탈출해 왔니?" "먼저 살던 곳에서는 마음대로 다닐 수 없었다. 무엇보다 마음대로 짖을 수 없었고." 마음대로 다니고 말하는 자유는 그만큼 고귀하다.

August 8/2

> 너희 중에 큰 자는 너희를 섬기는 자가 되어야 하리라 누구든지 자기를 높이는 자는 낮아지고 누구든지 자기를 낮추는 자는 높아지리라 – 마 23:11~12
>
> The greatest among you will be your servant. For whoever exalts himself will be humbled, and whoever humbles himself will be exalted. (Mt 23:11~12)

✱ 말석에 앉으라

파티가 시작되기 전에 도착한 손님들이 자리를 잡는데 상좌를 택하는 장면을 보고 예수께서 한 이야기를 하셨다. "어떤 잔칫집에 연회가 열렸는데 한 사람이 상좌를 차지하고 앉았다. 그 후 지위가 높은 귀빈이 도착했다. 집주인은 상좌에 앉아 있는 사람에게 자리를 비켜달라고 했다. 이 사람은 몹시 부끄러웠지만 할 수 없이 말석에 가서 앉았다. 그런데 한 사람은 처음부터 말석에 자리를 잡았다. 집주인이 이 사람을 알아보고 와서 상좌로 인도해주었다. 그래서 그는 영광스럽게 되었다." 예수는 이 비유를 말씀하시며 제자들에게 말석에 앉으라고 하셨다.

May 5/31

너희는 너희가 하나님의 성전인 것과 하나님의 성령이 너희 안에 계시는 것을 알지 못하느냐 – 고전 3:16

Don't you know that you yourselves are God's temple and that God's Spirit lives in you? (1Co 3:16)

* "영원히 산다"

민족지도자 월남 이상재 선생의 일화. 이상재 선생이 나이가 많았을 때 한 청년이 선생을 찾아가 "선생님, 신문을 보니까 일본의 수상은 100세를 능히 살 수 있다고 장담하고 있으며 영국의 어떤 사람은 120세를 살 수 있다고 말하는데 선생님은 몇 세까지 사실 수 있습니까?"라고 물었다. 선생은 빙그레 웃으며 "나를 그런 사람들과 비교하지 마시오. 나는 영원히 삽니다."라고 말했다. "영원히요?" "그렇소. 예수님을 믿는 사람은 이 땅에서 보람 있는 일을 하다가 영원히 산다오."

August 8/1

너는 내게 부르짖으라
내가 네게 응답하겠고
네가 알지 못하는
크고 은밀한 일을 네게 보이리라 – 렘 33:3

Call to me and I will answer you and tell you great and unsearchable things you do not know. (Jer 33:3)

★ 인생을 바꾼 기도

인생의 황혼기에 있는 노인이 패기만을 앞세운 젊은이에게 이렇게 충고했다.

"내가 젊었을 때는 하나님께 내게 세상을 변화시킬 힘을 달라는 기도를 했지. 인생이 얼마나 덧없는가를 조금씩 깨닫게 되었던 중년에는 가족과 친구들이 나와 함께 평안히 살도록 기도했네. 그러나 인간의 우둔함을 깨달은 지금은 그 무엇보다 나를 변화시켜 달라는 기도를 드리고 있다네. 처음부터 이런 기도를 드렸다면 아마 내 인생은 달라졌을 거야."

여름철의 연습

일 년 중 가장 축복 받은 계절은 곧 다가올 우리의 모든 수고가 소담스런 결실을 맺는 늦여름이 아닐까…. 나는 지금 내 어머니께서 당신 자신을 취한 축복의 노래라고 말씀하셨던 찬송가, '세상 모든 풍파 너를 흔들어…'를 흥얼거리고 있다.

어머니께서 먹음직스런 레몬파이를 만드느라 분주하실 때, 그리고 나란히 심은 양파와 페츄니아가 사이좋게 자라고 있는 정원을 손질하실 때면 늘 그 찬송가를 흥얼거리곤 하셨던 것이다.

"받은 복을 세어 보아라. 크신 복을 네가 알리라. 받은 복을 세어 보아라. 주의 크신 복을 네가 알리라."

준 매스터스 배처

여러분은 받은 복을 날마다 세어 보는가? 만약 그렇지 않으면, 이 일이 우리가 할 수 있는 가장 좋은 연습임을 명심하여야 한다. 받은 복을 세어 본다면 얼마나 셀 수 있을까?

주님께서 매일 우리를 위해서 하시는 일들을 헤아리다 보면, 우리는 놀라움을 금치 못한다. 그 때 우리는 세상의 다른 어떤 사람보다도 많은 복을 누리고 있음을 깨닫게 될 것이다.

『여성을 위한 고요한 순간들』 중에서

아름다움을 위한 시간

마저리 홀름스

주님, 아름다움을 위한 시간을 갖게 하소서.

테이블에 꽃이 가득 꽂힌 화병을 하나 놓거나, 정원의 꽃이 아직 피지 않았으면 화분이라도 하나 놓아서 방을 예쁘게 정돈하게 하소서.

단지 제가 너무 게으르기 때문에 저 자신이나 저희 집을 어수선하고, 누추하고 초라하게 내버려두지 않게 하소서.

주님이 참으로 아름답게 만드신 이 세상. 제가 그 아름다움을 충분히 감상할 수 있게 하소서.

허겁지겁 서둘러 장을 보러 갈 때나 아이들을 차에 태워 목적지에 데려갈 때조차도 푸르른 언덕과 숲, 그리고 반짝이며 흘러가는 강물의 아름다움과 영광을 잊지 않게 하소서.

교통신호등의 색깔이나 노란 스쿨버스들, 노점의 진열대를 예쁘게 장식하고 있는 과일들과 제재소에 산적해 있는 목재들, 미풍에 나부끼는 소녀들의 알록달록한 스카프들 …. 이 모든 것들에서 아름다움을 발견하게 하소서.

주님, 틈을 내어 집의 뒤뜰도 예쁘게 가꾸게 하소서.

설거지를 하다가도 이따금 눈을 들어 나뭇잎 사이로 부서지는 햇빛을 바라보게 하시고, 야트막한 나무 울타리의 빛바랜 판자 조각을 따라 쏜살같이 달음질 치는 다람쥐를 바라볼 여유를 주시고, 비온 후 빨랫줄에 수정구슬처럼 영롱하게 맺힌 빗방울의 신비스러운 아름다움을 놓치지 않게 하소서.

『주님, 사랑하게 하소서』 중에서

6/1

예수께서 이르시되 손에 쟁기를 잡고 뒤를 돌아보는 자는 하나님의 나라에 합당하지 아니하니라 하시니라 — 눅 9:62

Jesus replied, "No one who puts his hand to the plow and looks back is fit for service in the kingdom of God." (Lk 9:62)

* 허리를 낮추어야

어느 날 랍비가 "진리는 길에 있는 돌멩이처럼 널려 있다."라고 말했다. 며칠이 지난 뒤 제자가 랍비에게 "선생님, 진리는 돌멩이처럼 널려 있다고 말씀하셨는데 왜 사람들은 흔한 진리를 터득하지 못할까요?"라고 물었다. 그러자 랍비가 대답했다. "진리는 돌멩이처럼 널려 있지. 그러나 사람들이 허리를 굽히지 않기 때문에 그 돌을 주울 수 없는 거라네."

우리가 조금만 마음의 눈을 떠서 보면 하나님의 은혜와 진리가 주위에 얼마든지 있음을 발견하게 된다. 그러나 그 은혜와 진리를 '내 것'으로 만들려면 허리를 굽혀 낮아져야 한다. 하나님께서는 겸손한 자에게 은혜를 주신다.

July 7/31

> 그러므로 함께 하늘의 부르심을 받은 거룩한 형제들아 우리가 믿는 도리의 사도이시며 대제사장이신 예수를 깊이 생각하라 – 히 3:1

Therefore, holy brothers, who share in the heavenly calling, fix your thoughts on Jesus, the apostle and high priest whom we confess. (Heb 3:1)

★ 바이올린

박물관에 있는 바이올린에 이런 글이 조각되어 있었다. "살아 있는 나무였을 때 나는 말없이 자랐다. 그러나 나는 죽은 뒤에 노래를 부르기 시작했다." 이는 묵묵히 십자가를 진 예수님이 부활로써 평화의 대 교향악을 연주하기 시작한 것과 흡사한 이야기이다.

6/2 Jun

그는 우리의 화평이신지라 둘로 하나를 만드사 원수 된 것 곧 중간에 막힌 담을 자기 육체로 허시고 - 엡 2:14

For he himself is our peace, who has made the two one and has destroyed the barrier. (Eph 2:14)

★ 원수 갚는 법

인디언 추장의 '원수 갚기'
도시에 나왔던 인디언 추장이 가든 파티가 열리는 저택에 들어가 "물과 음식을 주실 수 있습니까?"라고 호소했으나 주인에게 쫓겨나고 말았다. 얼마 후 이 주인은 사냥을 나갔다가 산 속에서 길을 잃고 기진한 채 쓰러지고 말았다. 우연히 이를 발견한 인디언 추장이 자기 집에 주인을 데려가 치료해 주고 먹을 것을 주었다. 기운을 회복한 주인에게 추장은 "이제야 원수를 갚게 되었소"라고 말했다.
"악에게 지지 말고 선으로 악을 이기라" (롬 12:21)

July **7/30**

> 너는 그리스도 예수 안에 있는 믿음과 사랑으로써 내게 들은 바 바른 말을 본받아 지키고 우리 안에 거하시는 성령으로 말미암아 네게 부탁한 아름다운 것을 지키라 – 딤후1:13~14
>
> What you heard from me, keep as the pattern of sound teaching, with faith and love in Christ Jesus. Guard the good deposit that was entrusted to you--guard it with the help of the Holy Spirit who lives in us. (2Ti 1:13~14)

* 새로운 길

나이가 많은 현인이 있었다. 남루한 복장을 했으나 신선한 모습과 분위기로 사람들로부터 존경과 사랑을 받았다. 어느 날 그는 제자들에게 "새로워지거라. 자신이 새로워지면 주위가 새로워진다. 그리고 새로운 길이 열린다."라고 말했다. 제자들이 무슨 뜻이냐고 물었다. 현인은 제자들을 강가로 데려가서 말했다. "눈앞에 보이는 것이 다 사랑스럽고 의미 있게 느껴지면 새로워진다고 할 수 있다. 그러자면 세속적인 애착과 잡념을 저 물살처럼 흘려보내야 한다."

6/3

내 영혼아 네가 어찌하여 낙심하며 어찌하여 내 속에서 불안해 하는가 너는 하나님께 소망을 두라 나는 그가 나타나 도우심으로 말미암아 내 하나님을 여전히 찬송하리로다 – 시 42:11

Why are you downcast, O my soul? Why so disturbed within me? Put your hope in God, for I will yet praise him, my Savior and my God. (Ps 42:11)

★ 마귀의 무기

전설에 마귀가 자신의 작전용 도구를 경매에 붙인다는 광고를 낸 적이 있었다고 한다. 이 광고를 보고 구매자들이 모여들어 마귀의 무기들을 보았다. 경매품은 죄에 사용될 무기, 탐욕에 사용될 무기 등이 진열되어 있었다. 그런데 '비매품'이라고 표시된 도구가 있어 구매자의 눈길을 끌었다. 마귀는 이 비매품에 대해 구매자들에게 이렇게 설명했다. "다른 도구는 팔 수 있지만 이것만은 팔지 않는다. 이것은 우리의 가장 강력하고 비밀스러운 무기이기 때문이다. 이 무기의 이름은 '낙담'인데 이 낙담을 가지고 사람의 마음을 뚫고 들어가면 인격과 생활을 마음대로 파괴할 수 있다." 어떤 고난에 처하든지 주를 바라보며 낙담하지 말자.

July 7/29

여호와의 산에 오를 자가 누구며 그의 거룩한 곳에 설 자가 누구인가 곧 손이 깨끗하며 마음이 청결하며 뜻을 허탄한 데에 두지 아니하며 거짓 맹세하지 아니하는 자로다 – 시 24:3~4

Who may ascend the hill of the LORD? Who may stand in his holy place? He who has clean hands and a pure heart, who does not lift up his soul to an idol or swear by what is false. (Ps 24:3~4)

* 여행자 인생

어떤 여행자가 당시 사람들로부터 존경받고 있는 현인을 찾아갔다. 여행자는 현인의 집이 너무 초라한 것에 놀랐다. 책 몇 권, 조그만 식탁, 의자 등이 전부였다. 그 흔한 가구며 서재도 없었다. 여행자는 현인에게 "선생님, 이것뿐입니까? 가구나 집기들은 다 어디 있습니까?"라고 물었다. 현인은 잠시 침묵한 뒤 여행자에게 되물었다. "그대의 것은 어디 있습니까?" "제 것이요? 저는 여행자 아닙니까. 그저 지나가는 존재일 뿐인 걸요." 현인이 조용히 웃으며 말했다. "저도 마찬가지랍니다."

6/4

우리도 그리스도 예수를 믿나니 이는 우리가 율법의 행위로써가 아니고 그리스도를 믿음으로써 의롭다 함을 얻으려 함이라 – 갈2:16

So we, too, have put our faith in Christ Jesus that we may be justified by faith in Christ and not by observing the law, (Gal 2:16)

★ 독립을 일구어 낸 정신

1940년 일제의 신사참배를 거부하다 순교한 주기철 목사는 오산학교 출신이었다. 당시 그의 스승은 민족운동가 조만식 장로였다. 주기철이 후에 목사가 되어 목회할 때의 일이다. 어느 주일 주 목사가 예배를 인도할 때 스승인 조만식 장로가 늦게 교회에 왔다. 그러자 주 목사는 "장로님, 오늘은 서서 예배를 드리십시오."라고 말했다. 조만식 장로는 그대로 했을 뿐 아니라 기도를 통해 회개했다. 그러자 그날 참석한 많은 성도들은 '과연 그 스승에 그 제자'라고 칭찬했다. 민족독립은 이런 분들의 정신이 밑거름이 되었다.

7/28

그러나 더욱 큰 은혜를 주시나니 그러므로 일렀으되 하나님이 교만한 자를 물리치시고 겸손한 자에게 은혜를 주신다 하였느니라 – 약 4:6

But he gives us more grace. That is why Scripture says: "God opposes the proud but gives grace to the humble. (Jas 4:6)

* 로랑의 체면 유지

로랑 장군은 프랑스 황제의 12용사 중 한 사람이다. 전쟁이 일어났을 때 로랑의 군대가 포위당하게 되었다. 이 경우에 구원군을 부르기 위해 뿔 나팔을 부는데 그는 자기의 체면 유지 때문에 불지 않았다. 결국 로랑의 교만과 고집으로 자신과 부하까지 전멸하게 되었다.

6/5

너희는 다 빛의 아들이요 낮의 아들이라 우리가 밤이나 어둠에 속하지 아니하나니 그러므로 우리는 다른 이들과 같이 자지 말고 오직 깨어 정신을 차릴지라 – 살전 5:5~6

You are all sons of the light and sons of the day. We do not belong to the night or to the darkness. So then, let us not be like others, who are asleep, but let us be alert and self-controlled. (1Th 5:5~6)

★ 루스벨트의 강철 안경집

미국 26대 대통령이었던 루스벨트는 철로 된 안경집을 늘 몸에 지니고 다녔다. 그는 무거운 안경집이 귀찮다고 생각하면서도 오래 지니고 다닌 애정 때문에 버리지 못하고 있었다. 어느 날 그는 선거운동을 하던 중 슈렌크가 쏜 총탄에 맞아 쓰러졌다. 그런데 루스벨트는 살아났다. 총알이 강철로 된 안경집에 맞고 다른 곳으로 튄 것이었다. 의식을 회복한 후 눈을 뜬 루스벨트는 의사에게 이렇게 말했다. "철로 된 안경집이 귀찮은 짐이었는데 그 짐 때문에 내가 살아났군요."

신앙생활, 기도나 가정예배, 주일 성수나 기도회가 짐 같아 보여도, 이 짐 때문에 환난과 시험을 당할 때 파멸을 모면하고 하나님께 영광 돌릴 수 있다.

7/27 July

네 보물이 있는 그 곳에는 네 마음도 있으니라 – 마 6:21

For where your treasure is, there your heart will be also. (Mt 6:21)

★ 지갑의 회심

이 시대 가장 큰 관심은 돈 문제가 되었다. 한보사태 대선자금 등 사회의 문제는 모두 돈과 직결되어 있다. "네 보물 있는 그 곳에는 네 마음도 있느니라" (마 6:21)는 진리를 비롯하여 성경에는 돈에 대한 언급이 칠백 구절 이상 기록되어 있는 것으로 신학자들은 보고 있다. 돈에 대한 태도는 곧 그 사람의 인격을 드러낸다. 그래서 마틴 루터는 "사람에게는 세 가지 회심이 필요하다. 가슴의 회심, 정신의 회심 그리고 지갑의 회심이다."라고 말했다.

6/6

내 입에서 나가는 말도 이와 같이 헛되이 내게로 되돌아오지 아니하고 나의 기뻐하는 뜻을 이루며 내가 보낸 일에 형통함이니라 – 사 55:11

so is my word that goes out from my mouth: It will not return to me empty, but will accomplish what I desire and achieve the purpose for which I sent it. (Is 55:11)

* 행복으로 향하는 사다리

모든 사람에게는 행복과 파멸로 향하는 사다리가 각기 있다.

▶ 행복으로 향하는 사다리
어떤 사람에게는 이것이 사랑이다. 또 이것이 헌신이며, 섬김이기도 하다. 어떤 사람은 이웃에게 나눠주려고 이 사다리를 올랐다가 행복해지기도 한다.

▶ 파멸로 향하는 사다리
어떤 사람에게는 이것이 돈이며 정욕이고, 권세욕이며 자애(自愛)이다. 어떤 사람은 이웃의 것을 빼앗으려고 이 사다리를 올랐다가 파멸에 이르기도 한다.

7/26 July

그러므로 너희 마음의 허리를 동이고 근신하여 예수 그리스도께서 나타나실 때에 너희에게 가져다 주실 은혜를 온전히 바랄지어다 – 벧전 1:13

Therefore, prepare your minds for action; be self-controlled; set your hope fully on the grace to be given you when Jesus Christ is revealed. (1Pe 1:13)

*지혜의 샘

어느 날, 현자가 그의 제자들을 이끌고 대로를 걷고 있을 때, 한 무리의 남자와 여자들이 그를 모욕하기 시작했습니다. 그러나 현자는 오히려 그 사람들에게 다가가 축복을 기원했습니다. 그들이 떠나고 난 뒤, 한 제자가 말했습니다. "저들이 끔찍한 말을 퍼부었건만, 선생님은 좋은 말씀을 해 주시네요." 그러자 현자가 대답했습니다. "우리 모두는 각자 자신이 가진 것만 줄 수 있다네."

6/7

말씀하시되 나를 따라오라 내가 너희를 사람을 낚는 어부가 되게 하리라 하시니 – 마 4:19

"Come, follow me," Jesus said, "and I will make you fishers of men." (Mt 4:19)

★ 작은 믿음의 30년 후

미국의 한 주일학교 교사가 골목길에서 놀고 있던 네 명의 어린이들에게 그리스도를 증거했다. 전도에 감명을 받은 네 명의 어린이들은 교회에 출석해 작은 믿음을 조금씩 키워나갔다. 그로부터 30년 후 이 교사는 생일을 맞아 축하전보 네 통을 받았다. 그 네 통의 전보는 과거 자신이 가르쳤던 골목길의 소년들에게서 온 것으로, 발신자는 놀랍게도 각계의 지도자였다. 그들은 중국선교사, 연방정부은행 총재, 미국 대통령비서관, 미국 대통령 허버트 클라크후버였다.

7/25 July

> 네가 가는 모든 곳에서 내가 너와 함께 있어 네 모든 원수를 네 앞에서 멸하였은즉 땅에서 위대한 자들의 이름 같이 네 이름을 위대하게 만들어 주리라 – 삼하 7:9

I have been with you wherever you have gone, and I have cut off all your enemies from before you. Now I will make your name great, like the names of the greatest men of the earth. (2Sa 7:9)

★ 눈높이 선택

결혼을 앞둔 어떤 남성이 '완벽한 배우자'를 찾기 위해 온 세상을 여행했다. 그는 자신이 생각해 둔 배우자와 결혼하지 않고는 불행을 피할 수 없다고 판단하고 세상 구석구석을 살폈다. 이렇게 40년을 허비했으나 그런 여성과는 결혼을 하지 못했다. 친구가 그에게 물었다. "자네의 나이 이제 70인데, 그래 세상에 그런 여성이 없었나?"

"사실 딱 한 번 그런 여성을 만났었네. 그런데 그녀는 '완벽한 남성'을 찾고 있었다네. 그래서 결혼이 이뤄지지 못했지."

June 6/8

그리스도께서 우리를 자유롭게 하려고 자유를 주셨으니
그러므로 굳건하게 서서 다시는 종의 멍에를 메지 말라 – 갈 5:1

It is for freedom that Christ has set us free. Stand firm, then, and do not let yourselves be burdened again by a yoke of slavery. (Gal 5:1)

★ 희망의 왕

어릴 때부터 영도자의 자질을 갖췄던 마케도니아의 황제 알렉산더(356~323 BC)는 왕위에 오른 후 그리스를 평정, 위용을 과시했다. 그가 얼마나 큰 지도자인가는 헤레스본드 해협을 건너면서 드러났다. 그는 이때 자신의 소유를 장병과 지역 주민들에게 다 나눠 주었다. 이를 본 한 신하가 "폐하, 그렇게 다 주시면 폐하에게 무엇이 남겠습니까?"라고 물었다. 그러자 그는 당당한 목소리로 대답했다. "짐은 앞에 있는 희망을 갖겠노라."

7/24 July

끝으로 너희가 주 안에서와 그 힘의 능력으로 강건하여지고 마귀의 간계를 능히 대적하기 위하여 하나님의 전신 갑주를 입으라 – 엡 6:10~11

Finally, be strong in the Lord and in his mighty power. Put on the full armor of God so that you can take your stand against the devil's schemes. (Eph 6:10~11)

* 검보다 정신

스파르타는 고대 그리스에서 최강의 도시였다. 이곳에서 엄격한 교육을 통해 용감한 전사를 배출했는데, 그것을 '스파르타 교육'이라고 한다.

스파르타 교육 중에 있었던 일화.

짧은 검을 지급받은 한 청년이 지휘관에게 "제가 가진 것은 매우 짧아 전투에서 불리합니다."라고 말했다. 그러자 지휘관은 전사의 어깨를 잡고 힘주어 격려했다. "검이 짧다면 한 발짝 더 빨리 적진 속으로 들어가라. 문제는 검이 아니라 한 발짝 더 앞서는 정신이 있느냐 없느냐 하는 것이다."

June **6/9**

> 세월을 아끼라 때가 악하니라
> 그러므로 어리석은 자가 되지 말고
> 오직 주의 뜻이 무엇인가 이해하라
>
> – 엡 5:16~17
>
> Making the most of every opportunity, because the days are evil. Therefore do not be foolish, but understand what the Lord's will is. (Eph 5:16~17)

✱ 마비된 인성

인성이 무너지는가? 최근 잇따라 발생한 성윤리 파괴 사건은 이 시대 우리들의 '일그러진 자화상'이며 선정문화와 퇴폐주의, 무절제와 정신 공황이 빚어낸 합작품이다. 그리고 공동체의 독극물이다. 지금이야말로 '경건·절제 운동'이 일어나야 할 때다. 이것이 우리가 살 길이다. 인류학자 어윈은 말했다. "인류가 겪어온 88개 문명의 흥망사에서 재미있는 공통점을 발견할 수 있다. 그것은 문명이 일어난 시대에는 성 도덕이 건전했고, 문명이 쇠망한 시대에는 성 도덕이 문란했다는 점이다."

7/23 July

아무도 자신을 속이지 말라 너희 중에 누구든지 이 세상에서 지혜 있는 줄로 생각하거든 어리석은 자가 되라 그리하여야 지혜로운 자가 되리라 – 고전 3:18

Do not deceive yourselves. If any one of you thinks he is wise by the standards of this age, he should become a "fool" so that he may become wise. (1Co 3:18)

※ '길'을 아는 '삶의 지혜'

조선 왕조 초기에 명장인 황희 정승이 길을 가다 농부에게 "산 너머 마을에 가려는데 일몰 전에 갈 수 있겠습니까?"라고 물었다. 농부는 대답하지 않고 부지런히 일손만 움직였다. 황희는 '바빠서 그런가 보다'라고 생각하며 종종 걸음으로 걸어갔다. 그런데 조금 후 농부가 부르더니 "일몰 전엔 가겠소이다."라고 소리쳤다. "아까는 가만 있더니 왜 이제서 대답하는 거요?" 황희가 뒤돌아서서 묻자 농부가 말했다. "어르신의 걸음 속도를 봐야 말씀드리지 않겠습니까."

June 6/10

만일 우리가 성령으로 살면
또한 성령으로 행할지니 헛된 영광을
구하여 서로 노엽게 하거나
서로 투기하지 말지니라 – 갈 5:25~26

Since we live by the Spirit, let us keep in step with the Spirit. Let us not become conceited, provoking and envying each other. (Gal 5:25~26)

* 온유의 승리

자기 세계를 누가 넓혀갈 수 있을까. 얼핏 생각하면 폭력적인 사람이 영역을 확대할 것처럼 보인다. 그러나 성경은 "오직 온유한 자는 땅을 차지하며 풍부한 화평으로 즐기리로다"(시37:11)라고 말씀하신다.

어떤 현자가 제자들에게 "세상 일은 결국 온유한 사람이 승리한다. 어떤 사람이 온유한 사람이겠느냐?"라고 물었다. 그러자 한 제자가 말했다. "거친 질문에 부드럽게 답하는 사람입니다." 현자는 고개를 끄덕이며 덧붙였다. "온유는 상대방의 거친 질문과 행동을 후회하게 한다.

7/22 July

또 너희가 내 이름으로 말미암아 모든 사람에게 미움을 받을 것이나 너희 머리털 하나도 상하지 아니하리라 너희의 인내로 너희 영혼을 얻으리라

- 눅 21:17~19

All men will hate you because of me. But not a hair of your head will perish. By standing firm you will gain life. (Lk 21:17~19)

✱ 침묵의 힘

1914년 미국에 의해 파나마 운하가 건설되기 전, 건설을 맡은 총책임자는 불리한 지리적 여건과 악천후를 이겨나가는 한편 "운하는 완공될 수 없다."는 부정적인 여론과 맞서야 했다. 특히 그는 온갖 비난과 모략을 감당해야 했는데, 그 와중에도 침묵을 지키며 성실히 일을 추진했다. "왜 그런 모함을 받고도 침묵합니까?" 주위 사람들이 안타까워하며 물을 때마다 그는 "때가 되면 하지."라고 대답했다. "그 때가 언제 입니까?" 그는 웃으며 짤막하게 말했다. "운하가 완공된 후."

June 6/11

오직 성령이 너희에게 임하시면 너희가 권능을 받고 예루살렘과 온 유대와 사마리아와 땅 끝까지 이르러 내 증인이 되리라 하시니라 – 행 1:8

But you will receive power when the Holy Spirit comes on you; and you will be my witnesses in Jerusalem, and in all Judea and Samaria, and to the ends of the earth. (Ac 1:8)

★ 열성적인 전도

전당포 주인이었다가 예수 그리스도를 영접한 후 새로운 생활을 하게 된 사람이 있었다. 이 사람은 신앙생활을 하게 된 후 주위 사람을 전도했는데 하루는 술에 취한 사람에게 그리스도를 영접할 것을 권면했다. 그때 술 취한 사람이 빈정거리며 말했다. "여보슈, 내가 정말 지옥과 천당이 있다는 걸 확신한다면 당신처럼 이렇게 소신 없게 전도하지는 않겠소. 나는 더 열성적으로 전도할 거요." 이 말에 충격을 받은 그 사람은 그때부터 열렬하게 전도하며 구제활동을 폈다. 그가 1878년 구세군을 창설한 윌리엄 부스다.

July 7/21

사무엘이 이르되 여호와께서 번제와 다른 제사를 그의 목소리를 청종하는 것을 좋아하심 같이 좋아하시겠나이까 순종이 제사보다 낫고 듣는 것이 숫양의 기름보다 나으니 – 삼상 15:22

But Samuel replied: "Does the LORD delight in burnt offerings and sacrifices as much as in obeying the voice of the LORD? To obey is better than sacrifice, and to heed is better than the fat of rams." (1Sa 15:22)

※ 가늘게 새끼줄을 꼬아라

옛날에 어느 부잣집 대감이 섣달 그믐날 "내일 종들을 다 해방시켜 주겠다."고 선언하자 종들은 노비문서를 태우며 환호했다. 그 날 대감은 종들에게 "오늘 밤새도록 새끼줄을 꼬아라. 꼬되 될 수 있는 대로 가늘게 꼬아라."고 명령했다. 종들은 "이 시간까지 부려먹다니 고약하군."이라고 불평하며 굵게 새끼줄을 꼬았다. 그런데 한 종은 "하루가 지나면 자유이니 정성껏 일하자."하며 감사하는 마음으로 가늘게 새끼줄을 꼬았다. 다음 날 아침 주인이 광문을 활짝 열어 놓고 "끈 새끼줄에 엽전을 꿸 수 있는 데까지 꿰서 가지고 가라."고 말했다. 대충 굵게 새끼줄을 꼰 종은 새끼줄 끝에 겨우 몇 개의 엽전만을 꿰었으나 가늘게 새끼줄을 꼰 종은 많은 엽전을 꿰어 가지고 갔다.

June **6/12**

또한 너희 지체를 불의의 무기로 죄에게 내주지 말고 오직 너희 자신을 죽은 자 가운데서 다시 살아난 자 같이 하나님께 드리며 너희 지체를 의의 무기로 하나님께 드리라 – 롬 6:13

Do not offer the parts of your body to sin, as instruments of wickedness, but rather offer yourselves to God, as those who have been brought from death to life; and offer the parts of your body to him as instruments of righteousness. (Ro 6:13)

✱ 거룩한 희생

1943년 2월 미군 수송선 돌체스터호가 그린란드 근해에서 빙산과 충돌, 4백여 명이 죽는 대 참사가 있었다. 이때 수송선에 타고 있던 군 성직자 4명의 희생은 지금까지도 아름다운 이야기로 남아있다.

현장에서 기적적으로 구조된 사람들은 당시 상황을 이렇게 전했다. "그분들은 구명조끼가 있었는데도 그것을 다른 사람들에게 나누어주고 구조 활동을 했습니다. 끝내 그들은 배가 침몰해 갈 때 서로 손을 잡고 기도하면서 죽음을 맞았습니다. 그것은 거룩한 모습이었습니다."

July 7/20

하나님께서 구하시는 제사는 상한 심령이라 하나님이여 상하고 통회하는 마음을 주께서 멸시하지 아니하시리이다 – 시 51:17

The sacrifices of God are a broken spirit; a broken and contrite heart, O God, you will not despise. (Ps 51:17)

＊ 보청기 목회

미국에서 큰 한인교회를 이끌고 있는 목회자 이야기.

이 분은 '보청기 목회'로 잘 알려져 있다. 귀가 잘 안 들려 보청기를 끼고 있는 이 분은 다른 사람이 부정적인 말을 할 때나 이웃에 대해 매도할 때 혹은 극한 감정을 표출할 때 슬그머니 보청기를 귀에서 빼버린다고 한다. 그리고 아무 소리도 안 듣는 가운데 기도에 몰두한다고 한다. 그러면 시간이 지나 '거품현상'이 사라지고 모든 일이 원만하게 해결된다는 것이다.

June 6/13

무엇보다도
뜨겁게 서로 사랑할지니
사랑은 허다한 죄를 덮느니라 – 벧전 4:8

Above all, love each other deeply, because love covers over a multitude of sins. (1Pe 4:8)

* 사랑에 관한 열 가지 명상
- 사랑을 얻으려고 흥정하지 말라.
- 나를 사랑하거든 그를 사랑하라.
- 사랑은 함께 어려움을 이겨나갈 자세가 되어있는 사람에게만 주어지는 특권이다.
- 결점을 극소화하고 장점을 극대화하라.
- 자신이 뿌린 씨는 자신이 거두는 법, 상대에게 책임을 전가하지 말라.
- 한 눈 팔며 비교하지 말고 앞을 보라.
- 가까울수록 예절을 지키라.
- 원망이나 저주는 금물.
- 사랑은 닦을수록 윤이 나는 것.
- 문제는 살아있다는 증거, 문제를 두려워 말라.

July 7/19

그러므로 너희 죄를 서로 고백하며 병이 낫기를 위하여 서로 기도하라 의인의 간구는 역사하는 힘이 큼이니라 – 약 5:16

Therefore confess your sins to each other and pray for each other so that you may be healed. The prayer of a righteous man is powerful and effective. (Jas 5:16)

★ 기도 시간

일본의 한 정신지체아 시설의 여교사에게 어떤 일이 가장 힘드냐고 물었더니 매일 열 명씩 목욕시키는 일이라고 했다. 그녀는 이렇게 말했다. "아이를 대할 때 '이 아이가 예수님이시다'라고 생각하면 기쁘게 일할 수 있어요. 이럴 때 목욕시간은 나의 기도 시간이 됩니다."

June 6/14

교만은 패망의 선봉이요
거만한 마음은 넘어짐의 앞잡이니라

– 잠 16:18

Pride goes before destruction, a haughty spirit before a fall. (Prov 16:18)

✱ 에디스의 우화

'에디스의 우화'가 있다. 에디스는 사방으로 포위당한다. 동쪽으로 도망치려니까 강한 나라가 가로막고 있다. 그 나라의 이름은 에디스였다. 서쪽에는 무서운 거인이 있다. 그의 이름도 에디스였다. 북쪽에는 사나운 사자가 있고 남쪽은 악어가 득실거리는 강으로 가로막혀있다. 그 모든 이름이 에디스였다. 적은 결국 에디스였다. 나의 적은 바로 나 자신이다. 언제나 내가 내 자신을 가로막는다. 그것이 교만이다. 교만은 이웃을 차단하고 하나님께 나아가는 길을 차단한다. 불행은 밖에서 오지 않고 나 자신으로부터 시작된다.

July 7/18

이스라엘아 들으라 우리 하나님 여호와는 오직 유일한 여호와이시니 너는 마음을 다하고 뜻을 다하고 힘을 다하여 네 하나님 여호와를 사랑하라

– 신 6:4~5

Hear, O Israel: The LORD our God, the LORD is one. Love the LORD your God with all your heart and with all your soul and with all your strength.
(Dt 6:4~5)

★ 일상의 삶 속에

나치 독일에 의해 처형된 본회퍼 목사는 순교 전 이런 글을 남겼다. "성경에 기록된 말씀은 언제나 당신의 가슴에 울려야 하고 생활 속에 날마다 살아 움직여야 합니다. 사랑하는 사람의 말은 잊거나 분석하지 않습니다. 그처럼 주님을 사랑한다면 그 말씀을 일상생활 속에 받아들이십시오."

June 6/15

그러므로 너희의 선한 것이 비방을 받지 않게 하라 하나님의 나라는 먹는 것과 마시는 것이 아니요 오직 성령 안에 있는 의와 평강과 희락이라

- 롬 14:16~17

Do not allow what you consider good to be spoken of as evil. For the kingdom of God is not a matter of eating and drinking, but of righteousness, peace and joy in the Holy Spirit. (Ro 14:16~17)

* 라일락 가지

어느 목사의 "뒤뜰에 이루어진 천국"이라는 수필이 있다. 50년 전의 이야기이다. 독일에서 한 목사 가정이 브루클린으로 이민해 왔다. 뒷집과의 사이에서 라일락 꽃나무가 울타리 노릇을 하고 있었다. 그런데 뒷집에서 거기에다가 쓰레기를 버리는 것이었다. 목사의 아들이 화가 나서 항의하려고 나가자 그의 어머니는 한 다른 방법을 일러주었다. 항의하지 말고 라일락 가지를 꺾어다가 선물하라는 것이었다. 놀라운 것은 그 후 라일락 나무 밑에 다시는 쓰레기가 버려지지 않았다고 한다. 하나님의 나라는 그렇게 해서 이루어진다.

July 7/17

다른 이로써는 구원을 받을 수 없나니 천하 사람 중에 구원을 받을 만한 다른 이름을 우리에게 주신 일이 없음이라 하였더라 – 행 4:12

Salvation is found in no one else, for there is no other name under heaven given to men by which we must be saved. (Ac 4:12)

* 새들을 위한 병원

인도의 뉴델리에는 새들을 위한 병원이 있다고 한다. 치료는 무료이나 치료 후에는 주인이 가져가는 것이 아니라 산에 놓아 주어야 한다는 것이다. 이 병원을 거쳐 연간 5천 마리의 새들이 치료와 함께 자유를 얻는다. 주님의 품은 이 병원과 같다. 믿음으로 주님의 품에 나를 맡길 때 죄의 상처는 치료받게 되고 자유를 얻게 된다.

June 6/16

주의 약속은 어떤 이들이 더디다고 생각하는 것 같이 더딘 것이 아니라 오직 주께서는 너희를 대하여 오래 참으사 아무도 멸망하지 아니하고 다 회개하기에 이르기를 원하시느니라 – 벧후 3:9

The Lord is not slow in keeping his promise, as some understand slowness. He is patient with you, not wanting anyone to perish, but everyone to come to repentance. (2Pe 3:9)

* 믿음은 기다림

그리스의 철인 테유네스가 꿈에 천국에 가서 하나님과 대화를 나누었다. "하나님, 당신에게 백만 년은 얼마큼의 길이입니까?" "하루와도 같다." "그럼, 황금 백만은 당신에게 얼마큼의 가치가 있습니까?" "티끌과 같다." "그렇다면 하나님, 당신에게 아무것도 아닌 티끌만한 황금을 나에게 주십시오." "좋다, 주겠다. 그러나 하루만 기다려라." 이것은 테유네스가 실제로 꾼 꿈 이야기는 아닐 것이고 신의 섭리와 광대함을 가르치려는 이야기이지만, 하나님은 우리의 지식의 울타리를 초월하신 분이기 때문에 인간의 믿음은 기다림이 동반되어야 한다는 교훈을 가르치는 이야기이다.

July 7/16

곧 헛된 것과 거짓말을 내게서 멀리 하옵시며 나를 가난하게도 마옵시고 부하게도 마옵시고 오직 필요한 양식으로 나를 먹이시옵소서 – 잠 30:8

Keep falsehood and lies far from me; give me neither poverty nor riches, but give me only my daily bread. (Prov 30:8)

* 사슴의 푸념

크고 아름다운 뿔을 가진 사슴이 어느 날 물에 비친 자신의 모습을 보고 스스로 감탄했다. '난 어쩜 이렇게 뿔이 크고 아름다울까?' 그러다 이 사슴이 자신의 다리를 봤는데 다리는 왜 그렇게 볼품없어 보이던지 창피한 생각마저 들었다. 그 때 사냥꾼의 총소리가 들렸다. 사슴은 날렵하고 힘찬 다리로 먼 거리까지 도망쳤다. 그 때서야 사슴은 다리의 고마움을 알았다. 그 순간 사슴은 나뭇가지에 뿔이 걸려 그 자리에서 꼼짝하지 못했고, 뒤쫓아 오던 사냥개에게 물리고 말았다. 사슴은 죽어가면서 중얼거렸다. "뿔만 없어도 달아날 수 있었을 텐데……."
볼품없어 보이는 것도 정말 소중한 가치가 있다. 항상 감사하는 성도가 행복한 인생을 사는 것처럼.

June 6/17

젊은 자들아 이와 같이 장로들에게 순종하고 다 서로 겸손으로 허리를 동이라 하나님은 교만한 자를 대적하시되 겸손한 자들에게는 은혜를 주시느니라

– 벧전 5:5

Young men, in the same way be submissive to those who are older. All of you, clothe yourselves with humility toward one another, because, "God opposes the proud but gives grace to the humble." (1Pe 5:5)

★ 오만과 겸손의 차이

오만한 성품과 과음으로 군대에서 쫓겨난 젊은 장교가 있었다. 젊은이는 고향에 돌아가 농사를 지었으나 실패했으며 이어서 한 사업도 실패하고 말았다. 그러나 전쟁을 맞은 젊은이는 일반 사병으로 입대, 새로운 군인의 길을 걸었다. 그러다 보니 다시 장교가 됐고, 소령이 됐으며, 나중엔 부대 지휘관이 됐다. 그뿐인가. 그의 겸손하고 성숙한 인품이 알려져 링컨 대통령 밑에서 국방부장관을 지내다 대통령까지 하게 되었다. 그가 바로 미국의 18대 대통령인 그랜드 장군이다.

July 7/15

우리는 그가 만드신 바라 그리스도 예수 안에서 선한 일을 위하여 지으심을 받은 자니 이 일은 하나님이 전에 예비하사 우리로 그 가운데서 행하게 하려 하심이니라 – 엡 2:10

For we are God's workmanship, created in Christ Jesus to do good works, which God prepared in advance for us to do. (Eph 2:10)

★ 모함과 용서

AD 300년쯤 수도원 운동의 창시자였던 안토니오의 제자 마카리우스는 성인의 칭송을 받았다. 그가 있던 수도원 근처 마을에서 한 여인이 부정한 임신 사실이 드러나자 "아기의 아버지는 마카리우스"라고 거짓말을 했다. 마카리우스는 마을 사람들에게 몰매를 맞고 배척받았으나 웃으며 침묵을 지켰고, 노동으로 번 돈을 그 여인에게 주었다. 이런 사랑으로 결국 여인은 사실을 말했고 마을 사람들은 그에게 용서를 구했다. 그러나 그는 조용히 웃으며 동굴로 들어가 수도했다.

6/18 June

> 사람이 시험을 받을 때에 내가 하나님께 시험을 받는다 하지 말지니 하나님은 악에게 시험을 받지도 아니하시고 친히 아무도 시험하지 아니하시느니라 – 약 1:13

When tempted, no one should say, "God is tempting me." For God cannot be tempted by evil, nor does he tempt anyone. (Jas 1:13)

* 오! 하나님

'오! 하나님'이란 희극 작품이 있다. 이 작품을 쓴 작가는 하나님이 아담과 하와를 창조하고 그들에게 입을 옷을 주지 않았던 이유를 다음과 같이 설명하였다. "인간들은 옷을 받자마자 주머니가 달려있어야 한다고 요구할 것이고 주머니를 달아주면 돈으로 채워야 한다고 요구할 것이다. 돈을 채워주는 순간부터 모든 사고가 시작될 것이다."

July 7/14

그러므로 내가 너희에게 이르노니 목숨을 위하여 무엇을 먹을까 무엇을 마실까 몸을 위하여 무엇을 입을까 염려하지 말라 목숨이 음식보다 중하지 아니하며 몸이 의복보다 중하지 아니하냐 – 마 6:25

Therefore I tell you, do not worry about your life, what you will eat or drink; or about your body, what you will wear. Is not life more important than food, and the body more important than clothes? (Mt 6:25)

✽ 마음과 건강

영국의 과학 잡지 뉴 사이언티스트는 밝고 따뜻한 햇살을 받으며 사는 사람들이 잿빛 하늘 아래 사는 사람들보다 훨씬 건강하다는 보고서를 게재하여 눈길을 끌었다. 이 보고서에 따르면 프랑스에서 조사된 건강 실태의 경우, 북부 칼레에 거주하는 주민들은 남부 피레네에 사는 주민들보다 소화기 계통의 암이나 간경변에 걸릴 확률이 3배나 높은 것으로 나타났다. 또한 자살 건수도 햇살을 받지 못하는 사람들이 훨씬 많다는 것이다. 어디 환경뿐일까, 마음이 밝지 못한 사람도 마찬가지다.

6/19 June

혀는 능히 길들일 사람이 없나니
쉬지 아니하는 악이요
죽이는 독이 가득한 것이라 – 약 3:8

But no man can tame the tongue. It is a restless evil, full of deadly poison. (Jas 3:8)

★ 사자의 꾐에 빠진 네 마리 황소

친한 네 마리 황소가 있었다. 이 황소는 어디를 가든 함께 가고 맛있는 풀도 나누어 먹었다. 그리고 어떤 위험이 닥쳐오면 네 마리가 힘을 합쳐 위험을 물리쳤다. 이 네 마리의 황소를 노리는 사자가 있었다. 이 사자는 한 마리씩 사냥하는 것은 자신 있었지만 '힘을 합한 네 마리의 방어'에는 자신이 없어 늘 망설이다가 하루는 꾀를 내어 약간 뒤에 처져 있는 황소 한 마리에게 다가가 귓속말로 "다른 소들이 네 흉을 본다."라고 말했다. 그리고 나머지 세 마리의 황소에게도 같은 방법으로 접근, 똑같이 말했다. 그러자 네 친구들은 서로 불신하였고, 크게 싸우다가 마침내 각기 흩어져 사자의 먹이가 되고 말았다. 분열을 노린 사자는 '네 번의 훌륭한 식사'를 마친 것이다.

July 7/13

하나님이 우리를 사랑하시는 사랑을 우리가 알고 믿었노니 하나님은 사랑이시라 사랑 안에 거하는 자는 하나님 안에 거하고 하나님도 그의 안에 거하시느니라 – 요일 4:16

And so we know and rely on the love God has for us. God is love. Whoever lives in love lives in God, and God in him. (1Jn 4:16)

* 왜 자신을 사랑해야 하는가

많은 사람들이 자신을 학대하고 있다. 자신을 사랑하라. 이것이 다른 사람을 사랑할 수 있는 첫걸음이다. 로버트 슐러 목사는 '왜 자신을 사랑해야 하는가'에 대해 다음과 같이 말한다.

– 당신은 이 세상에서 단 한 사람뿐이다.
– 자신만의 지문이 있다. 당신만의 각인을 이 세상에 새길 수 있는 것이다.
– 당신에게는 독자적인 능력이 있다. 보이지 않는 그 가능성을 발견하고 실현하라.
– 당신에게는 천명(天命)이 있다. 독자적인 목적을 위해 태어난 것이다.

June 6/20

주는 계신 곳 하늘에서 들으시며 사유하시되 각 사람의 마음을 아시오니 그의 모든 행위대로 갚으시옵소서 주만 홀로 사람의 마음을 아심이니이다

– 대하 6:30

Then hear from heaven, your dwelling place. Forgive, and deal with each man according to all he does, since you know his heart (for you alone know the hearts of men). (2Ch 6:30)

★ 장미꽃으로 매를 맞은 소년

시몬 게렐이란 미국의 유명한 목회자가 어렸을 때의 체험담을 이렇게 간증하였다. 한 번은 그가 이웃집의 배나무에서 몰래 배를 땄다. 그 이튿날 이웃집 할머니가 소년을 방문하여 큼직한 배 하나를 손에 들려주고 들고 온 장미꽃으로 부드럽게 소년의 뺨을 톡톡 두드렸다는 것이다. 손바닥으로 맞은 매가 아니었으나 장미꽃으로 맞은 소년의 뺨은 부끄러움으로 빨개졌다. 그는 울면서 말없이 할머니의 품에 안겼다.

July 7/12

만물보다 거짓되고 심히 부패한 것은 마음이라 누가 능히 이를 알리요마는 나 여호와는 심장을 살피며 폐부를 시험하고 각각 그의 행위와 그의 행실대로 보응하나니 – 렘 17:9~10

The heart is deceitful above all things and beyond cure. Who can understand it? "I the LORD search the heart and examine the mind, to reward a man according to his conduct, according to what his deeds deserve." (Jer 17:9~10)

★ 부실 부메랑

건축회사에 다니던 사람이 퇴직을 얼마 앞두고 사장으로부터 "마지막으로 집하나 지어주시오."라는 부탁을 받았다. 이제 얼마 안 있으면 이 회사도, 하는 일도 그만두게 된다고 생각하던 이 사람은 모든 일을 대충대충했다. 재료도 좋은 것을 쓰지 않고 감독, 시공도 철저하게 하지 않았다. 그저 겨우 준공검사를 넘길 정도로 지어놓은 집이 거의 완성될 무렵, 사장이 이 사람에게 찾아와 말했다. "이 집은 바로 당신 것입니다. 당신의 은퇴를 기념하기 위한 나의 선물입니다."

June 6/21

아버지께 참되게 예배하는 자들은 영과 진리로 예배할 때가 오나니 곧 이 때라 아버지께서는 자기에게 이렇게 예배하는 자들을 찾으시느니라 – 요 4:23

Yet a time is coming and has now come when the true worshipers will worship the Father in spirit and truth, for they are the kind of worshipers the Father seeks. (Jn 4:23)

* 산 제사

조지 워싱턴의 일화가 있다. 그가 장군으로 있을 때 정부에서 사절단이 왔다. 관리는 워싱턴에게 훌륭한 애국자라며 좋은 말을 늘어놓았다. 그러자 워싱턴은 날카롭게 말했다. "그런 말은 기쁘지 않소. 한마디만 말하시오. 당신은 지금 나라를 위해 무엇을 하고 있소?" 하나님도 좋은 말로만 차려 놓는 제사를 기뻐하지 않으신다. 몸으로 표시된, 즉 생활로 구체화된 제사만이 하나님이 기뻐하시는 예배이다.

July 7/11

믿음은 바라는 것들의 실상이요 보이지 않는 것들의 증거니 선진들이 이로써 증거를 얻었느니라 – 히 11:1~2

Now faith is being sure of what we hope for and certain of what we do not see. This is what the ancients were commended for. (Heb 11:1~2)

✱ 믿음이라는 줄

한 소년이 연을 날리고 있었다. 그런데 연이 너무 높이 올라가는 바람에 보이지 않았다. 그러나 소년은 타래에 묶인 실이 곧바로 서 있는 것을 보고 연이 바로 머리 위에 있다는 것을 알 수 있었다. 지나가던 사람이 소년을 쳐다보며 "연이 어디 있는지 안 보이는구나. 너는 아니?"라고 물었다. 소년이 대답했다. "그럼요. 이 줄을 잡아보세요. 팽팽하잖아요. 연은 보이지 않지만 제 머리 위쪽에서 푸른 하늘을 날고 있어요. 줄을 통해 그것을 알 수 있지요." 우리는 보이지 않지만 우리를 지키시고 복 내려주시는 하나님이 계심을 분명히 안다. 우리의 '연줄'은 믿음이다.

June 6/22

여호와는 나의 목자시니
내게 부족함이 없으리로다
그가 나를 푸른 풀밭에 누이시며
쉴 만한 물 가로 인도하시는도다

– 시 23:1~2

A psalm of David. The LORD is my shepherd, I shall not be in want. He makes me lie down in green pastures, he leads me beside quiet waters. (Ps 23:1~2)

★ 오묘한 자연의 섭리

어떤 농부가 큰 호두나무 그늘에 앉아 쉬다가 옆에 있는 호박을 보고 "하나님도 참! 저렇게 큰 호박이 왜 약한 덩굴에 달리게 하셨담. 저 높은 곳엔 작은 호두가 달리게 하시고..."라고 중얼거린 후 잠이 들었다. 얼마 후 호두 하나가 떨어져 농부의 머리를 때렸다. 농부는 화들짝 놀라 일어나며 말했다. "저 큰 호박이 높은 곳에 달렸다면 나는 큰 일 날 뻔했구나. 작은 호두를 높은 곳에 두신 하나님, 감사합니다. 호박은 낮은 곳에 있어야지요."

July 7/10

내 평생에 선하심과 인자하심이 반드시 나를 따르리니 내가 여호와의 집에 영원히 살리로다 – 시 23:6

Surely goodness and love will follow me all the days of my life, and I will dwell in the house of the LORD forever. (Ps 23:6)

* 사랑의 가정

가정은 어떤 곳일까. 요즘 '집은 있으나 가정은 없다'는 말을 종종 듣게 된다. 영국의 시인 C. 스와인(1801~1874)의 글을 소개한다.
"가정은 사랑하는 사람들이 있는 곳입니다. 어떤 것이든 애정을 느끼는 것이 있어야 합니다. 가정은 마음을 기쁘게 하는 속삭임이 있는 곳입니다. 아무도 반갑게 맞이할 사람이 없는 곳을 어찌 집이라고 할 수 있을까요. 가정은 우리를 만나주고 사랑해주는 사람들이 있는 곳입니다."

June 6/23

또 형제들아 너희를 권면하노니 게으른 자들을 권계하며 마음이 약한 자들을 격려하고 힘이 없는 자들을 붙들어 주며 모든 사람에게 오래 참으라

– 살전 5:14

And we urge you, brothers, warn those who are idle, encourage the timid, help the weak, be patient with everyone. (1Th 5:14)

★ 행복의 씨앗

최근 미국 시카고 가정법원의 명 판사 조지 사바스는 많은 가정불화를 화해로 돌리는 데 성공한 사례를 발표했다. 그는 가정의 균열이 작은 데서부터 출발한다고 밝히면서 이렇게 강조했다.

"행복은 말 한마디에서 출발한다. 남편이 일터로 갈 때 아내가 문에까지 나와 '잘 다녀오세요' 라고 인사하고 귀가할 때는 하던 일을 멈추고 '잘 다녀오셨어요?' 하고 상냥하게 맞이한다면, 그리고 남편도 아내에게 이렇게 다정한 말 한마디를 하루에 몇 번 한다면 가정불화는 막을 수 있다."

July 7/9

한번 죽는 것은
사람에게 정해진 것이요
그 후에는 심판이 있으리니 – 히 9:27

Just as man is destined to die once, and after that to face judgment.
(Heb 9:27)

★ 끝을 생각하라

프란체스코 사비에르는 동양 전도의 선구자였다. 그는 유언으로 포르투갈 국왕에게 이런 말을 남겼다. "폐하께서는 어느 날인가에 하나님 앞에 서야 할 시간이 있음을 잊지 마십시오. 사람과 하나님 앞에 겸손하셔서 부끄러움이 없는 총결산의 시간을 맞이하도록 준비하십시오."

June 6/24

겸손한 자와 함께 하여 마음을 낮추는 것이 교만한 자와 함께 하여 탈취물을 나누는 것보다 나으니라 – 잠 16:19

Better to be lowly in spirit and among the oppressed than to share plunder with the proud. (Prov 16:19)

★ 이기가 문제

인간이 얼마나 이기적이고 자기본위적인가 다음의 말을 보면 알 수 있다.

- 남이 타협하면 야합, 내가 타협하면 양보.
- 남이 가난하면 게으른 탓, 내가 가난하면 사회구조의 모순 탓.
- 남이 한 우물을 파면 우물 안 개구리, 내가 한 우물을 파면 전문가.
- 남이 빗나간 사랑을 하면 스캔들, 내가 빗나간 사랑을 하면 로맨스.
- 남이 말을 많이 하면 지성이 없는 수다, 내가 말을 많이 하면 다양한 화술.
- 남이 나서면 교만, 내가 나서면 개성.

July 7/8

> 너희는 가만히 있어 내가 하나님 됨을 알지어다 내가 뭇 나라 중에서 높임을 받으리라 내가 세계 중에서 높임을 받으리라 – 시 46:10

Be still, and know that I am God; I will be exalted among the nations, I will be exalted in the earth. (Ps 46:10)

* 하나님

모세는 불타는 떨기나무 앞에서 하나님의 음성을 들었다. 야곱은 꿈에서, 시편 기자는 초장과 시냇물에서 하나님을 보았다. 예수는 아버지나 어린 아이의 모습에서 하나님을 보셨다.

June 6/25

그리스도의 평강이 너희 마음을 주장하게 하라 너희는 평강을 위하여 한 몸으로 부르심을 받았나니 너희는 또한 감사하는 자가 되라 – 골 3:15

Let the peace of Christ rule in your hearts, since as members of one body you were called to peace. And be thankful. (Col 3:15)

✱ 감사의 힘

감사하면 '불행한 상황'이 달라진다.
어떤 처녀가 반지를 잃어버리고 집에 와서 분노한 모습으로 불평했다. 그녀는 반지 한 개를 잃어버림으로써 행복과 자존심, 생활까지 다 잃은 듯 끊임없이 원망을 쏟아 놓았다. 이런 딸을 본 어머니가 웃으면서 이렇게 말해 상황이 반전됐다.
"얘야, 손가락을 안 잃어버린 것에 대해 감사해라. 네 손가락은 그대로 있잖니. 손가락마저 잃어버렸으면 어떡할 뻔 했니? 반지야 다시 살 수 있지만 손가락은 살 수 있겠니?"

July 7/7

모든 사람이 죄를 범하였으매 하나님의 영광에 이르지 못하더니 그리스도 예수 안에 있는 속량으로 말미암아 하나님의 은혜로 값 없이 의롭다 하심을 얻은 자 되었느니라 – 롬 3:23~24

For all have sinned and fall short of the glory of God, and are justified freely by his grace through the redemption that came by Christ Jesus. (Ro 3:23~24)

* 모방 자살

자살한 가수를 따라가겠다며 공부도 잘했던 여중생이 옥상에 걸터앉아 있다가 투신자살했다. 신세대 모방 자살이 잇따르고 있어도 가수협회나 표절로 얼룩진 가요계에서는 전혀 자성의 기미가 없다. 어떤 상황에서도 자살은 안 된다. 자신의 존귀함을 깨닫는다면 자살할 이유가 없다. 영국 종교시인 쿠퍼를 자살 직전에서 구한 성경말씀은 로마서 3장 24절이었다.

"그리스도 예수 안에 있는 구속으로 말미암아 하나님의 은혜로 값없이 의롭다 하심을 얻은 자 되었느니라"

June 6/26

네가 이 세대에서 부한 자들을 명하여 마음을 높이지 말고 정함이 없는 재물에 소망을 두지 말고 오직 우리에게 모든 것을 후히 주사 누리게 하시는 하나님께 두며 – 딤전 6:17

Command those who are rich in this present world not to be arrogant nor to put their hope in wealth, which is so uncertain, but to put their hope in God, who richly provides us with everything for our enjoyment. (1Ti 6:17)

* 수도자에겐 필요 없는 진주

물질에 초연한 수도자가 강가에서 묵상에 잠겨 있었다. 그 모습에 감동을 받은 제자가 존경의 표시로 수도자의 발 앞에 두 개의 값진 진주를 내려놓았으나 수도자는 그 중 하나를 강물에 집어던졌다. 제자는 놀라서 강물에 뛰어들어 진주를 찾으려 했으나 실패했다. 제자는 수도자에게 "빠진 지점을 가리켜 주십시오. 그것은 매우 값진 진주입니다."라고 말했다. 그러자 수도자는 나머지 진주를 던지며 말했다. "바로 저길세."

July 7/6

> 네게 구하는 자에게 주며 네 것을 가져가는 자에게 다시 달라 하지 말며 남에게 대접을 받고자 하는 대로 너희도 남을 대접하라 – 눅 6:30~31

Give to everyone who asks you, and if anyone takes what belongs to you, do not demand it back. Do to others as you would have them do to you. (Lk 6:30~31)

＊ 과소비 독소

현대사회에서 소비를 안 하고는 살 수 없다. 그러나 과소비는 생활을 망치는 독소다. 고대 그리스의 철학자 제논은 허영이 가득하고 돈을 마구 쓰는 제자가 있다는 말을 듣고 그를 불러 사실 여부를 물었다. 그런데 그 제자는 조금도 부끄러워하지 않고 "그만한 돈이 있어서 쓰는데 무엇이 잘못되었다는 말입니까?"라며 건방진 태도를 취했다. 그러자 제논은 엄한 목소리로 야단쳤다. "그러면 소금이 많이 있다고 요리하는 사람이 음식에 소금을 마구 집어넣어도 된다는 말인가?"

June 6/27

> 무릇 징계가 당시에는 즐거워 보이지 않고 슬퍼 보이나 후에 그로 말미암아 연단 받은 자들은 의와 평강의 열매를 맺느니라 – 히 12:11

No discipline seems pleasant at the time, but painful. Later on, however, it produces a harvest of righteousness and peace for those who have been trained by it. (Heb 12:11)

★ 어려울 때 깨닫는 믿음

19세기 중반 아일랜드 출신의 한 청년이 있었다. 그는 약혼식 전날 마차 전복사고로 약혼녀가 죽는 비극을 맞았다. 낙심한 채 고향으로 돌아갔을 때 어머니가 병들어 있었다. 그러나 그는 "네 짐을 여호와께 맡겨 버리라"(시 5:22)는 말씀에 위로를 얻고 어려운 현실을 극복했다. 이때 그는 크리스천들이 애창하는 찬송가 487장 '죄 짐 맡은 우리 구주'를 작사했다. 이 청년의 이름은 스크라이븐이며 그는 평생을 과부와 고아와 병자를 돌보며 지냈다.

July 7/5

너희는 유혹의 욕심을 따라 썩어져 가는 구습을 따르는 옛 사람을 벗어 버리고 오직 너희의 심령이 새롭게 되어 하나님을 따라 의와 진리의 거룩함으로 지으심을 받은 새 사람을 입으라 – 엡 4:22~24

You were taught, with regard to your former way of life, to put off your old self, which is being corrupted by its deceitful desires; to be made new in the attitude of your minds; and to put on the new self, created to be like God in true righteousness and holiness. (Eph 4:22~24)

* 도둑맞은 돼지를 찾는 법

어떤 농부가 아침에 일어나 돼지 먹이를 주려고 보니 돼지가 보이지 않았다. 밤중에 누군가 훔쳐간 것이다. 농부는 그 돼지가 없어졌다는 말을 아무에게도 하지 않고 두 달 가량을 지냈다. 어느 날 다른 동네에 사는 농부가 나타나 "돼지 잃어버렸다고 하던데 찾았느냐?"고 물었다. 돼지를 잃어버렸던 농부는 그의 팔을 잡고 말했다. "당신이 나타날 때까지 못 찾고 있었소."

어리석음이나 비양심은 언젠가 드러나게 마련이다.

June 6/28

주 앞에서 낮추라
그리하면
주께서 너희를 높이시리라 – 약 4:10

Humble yourselves before the Lord, and he will lift you up. (Jas 4:10)

★ 내면의 거울

자기밖에 모르던 인색한 부자가 유대인 교사인 랍비를 만났다. 랍비는 그를 데리고 창가로 갔다. "무엇이 보입니까?" "지나가는 사람들이 보입니다." 이번에는 거울 앞으로 데리고 갔다. "무엇이 보입니까?" "제 얼굴이 보입니다." 그러자 랍비는 말했다. "창문과 거울은 모두 유리로 돼 있으나 거울 뒤에는 수은이 칠해져 있어 밖이 안 보이고 자신만 보게 되는 것이지요. 마찬가지로 내면이 탐욕으로 칠해진 사람은 자기밖에 모르는 불행한 존재요."

July 7/4

마음을 살피시는 이가 성령의 생각을 아시나니 이는 성령이 하나님의 뜻대로 성도를 위하여 간구하심이니라

– 롬 8:27

And he who searches our hearts knows the mind of the Spirit, because the Spirit intercedes for the saints in accordance with God's will. (Ro 8:27)

* 기도해 주는 사람

빌리 선데이라는 미국의 유명한 부흥사가 콜럼버스 시의 대 집회를 계획하고 시장에게 물었다. "부흥회에 앞서 내가 누구를 위해 기도하기를 원합니까?" 얼마 후에 시장은 콜럼버스시의 인명록을 보내며 여기에 있는 시민 모두가 기도 받아야 할 사람이라고 대답했다. 많은 사람이 우리의 기도를 필요로 한다. 누가 나를 가장 많이 사랑하는 사람인가? 그것은 나를 위해 기도해 주는 사람이다.

June 6/29

너희는 스스로 조심하라 그렇지 않으면 방탕함과 술취함과 생활의 염려로 마음이 둔하여지고 뜻밖에 그 날이 덫과 같이 너희에게 임하리라 – 눅 21:34

Be careful, or your hearts will be weighed down with dissipation, drunkenness and the anxieties of life, and that day will close on you unexpectedly like a trap. (Lk 21:34)

* 쾌락의 허상

천국에 있던 사나이가 지옥생활에 대한 궁금증을 갖고 지옥으로 가봤다. 그런데 이것이 웬일인가. 지옥 사람들이 호의호식하며 신나게 즐기고 있지 않은가. 이 사람은 당장 지옥에서 살 것을 자청하고 '이주신청'을 했다. 그러나 '불에 타는 고통'만 있을 뿐 처음 본 것과는 딴판이었다.

"아니 왜 이렇게 다릅니까?" 이 사람이 담당자에게 강력히 항의하자 그가 웃으며 말했다. "처음에 본 것은 관광코스였다네." 사악한 방법으로 만족을 얻고 쾌락을 추구하는 것. '허상의 관광코스'다.

7/3

여호와를 경외하는 것이 지식의 근본이거늘 미련한 자는 지혜와 훈계를 멸시하느니라
내 아들아 네 아비의 훈계를 들으며 네 어미의 법을 떠나지 말라 – 잠 1:7~8

The fear of the LORD is the beginning of knowledge, but fools despise wisdom and discipline. Listen, my son, to your father's instruction and do not forsake your mother's teaching. (Prov 1:7~8)

★ 현재는 잠깐

행복이 잠깐 지나간다면 불행 또한 그러하다. 오래 전 막강한 제국의 황제가 있었다. 황제는 어느 날 나라의 원로들을 불러 모아놓고 말했다. "내 마음이 흔들리지 않고 나라를 다스릴 수 있도록 글을 하나 주시오. 그 글은 내가 비탄에 빠졌을 때 희망을 주고, 행복한 일에 마냥 젖어있을 때 교훈을 줄 수 있어야 하오. 그리고 내가 항상 볼 수 있어야 합니다." 원로들은 심사숙고 끝에 평범한 반지를 황제에게 선사했다. 그 반지에는 이런 글이 쓰여 있었다.

"이것 또한 지나가리라."

June 6/30

> 이르되 내가 모태에서 알몸으로 나왔사온즉 또한 알몸이 그리로 돌아가올지라 주신 이도 여호와시요 거두신 이도 여호와시오니 여호와의 이름이 찬송을 받으실지니이다 하고 – 욥 1:21
>
> And said: "Naked I came from my mother's womb, and naked I will depart. The LORD gave and the LORD has taken away; may the name of the LORD be praised." (Job 1:21)

★ 포기의 미덕

'피난처'의 작가 코리 텐 붐 여사가 어렸을 때의 일이다.

시계점을 하던 아버지가 며칠 만에 시계 하나를 파는 것을 보고 그녀는 매우 기뻐했다. 그런데 아버지는 구매자가 "먼저 시계를 산 집에서 고장 난 시계를 수리하지 못해 구입하게 되었다."라고 말하자 그 시계를 보여 달라고 한 뒤 수리해 준 후 다시 새 시계를 돌려받았다. 그녀가 "아빠, 왜 그러세요? 그냥 팔지." 라고 묻자 아버지는 대답했다.

"모든 것은 하나님의 것이란다. 부당한 이익이라는 것을 알았을 때는 포기해야 돼."

7/2 July

우리가 선을 행하되 낙심하지 말지니 포기하지 아니하면 때가 이르매 거두리라 – 갈 6:9

Let us not become weary in doing good, for at the proper time we will reap a harvest if we do not give up. (Gal 6:9)

★ 역경을 이긴 힘

세종문화회관 대회의실 효 세미나. 천안상고 3년 김미정 양의 '가슴 아프면서도 착하게 사는 이야기'를 듣던 사람들은 눈물을 흘리며 뜨거운 격려의 박수를 보냈다. 장애인 아버지의 구타, 장애인 어머니의 암 질환, 그리고 3남매를 남겨 두고 가출한 아버지. 이런 가운데서도 김양은 지극한 정성으로 어머니를 돌보며 착실하게 공부하여 전교 1, 2등을 놓치지 않았다. '윤리 상실'과 '의지박약'의 세태를 향해 김양은 말한다. "엄마가 곁에 계신 것만으로도 제게는 큰 힘이 됩니다."

하나님의 사랑

엘리자베스 엘리엇

예수님께서 이 땅에서 사실 때 머리에 쓰셨던 유일한 관은 가시관이었다. 가시관은 하나님 아버지의 사랑에 대하여 무엇을 이야기해 주는가? 그 가르침은 무수히 많지만,

무엇보다도 먼저 하나님의 사랑은 감성적인 것이 아니라는 것이다. 그 사랑은 독생자를 상하게 할 만큼 강한 것이었기 때문이다. 하나님은 '천사의 군대를' 보내어 예수님을 구하실 수도 있었지만 그렇게 하지 않으셨다.

그 가시관은 하나님의 아들의 사랑에 대하여 무엇을 이야기해 주는가? 그것은 예수님이 몸소 고통을 당할 만큼, 자기를 부정할 만큼 강한 사랑이었다는 것을 말해준다.

그는 가시관도 십자가도 피하려면 얼마든지 피할 수 있었다. 그가 광야에서 사탄에게 시험을 당했을 때, 사탄의 편을 들어주었더라면 가시관과 십자가를 모두 피할 수 있었을 것이다.

그러나 예수님은 그렇게 하지 않으셨다. 말할 수 없는 굴욕과 훼방과 중압감과 실망과 박탈을 겪으며 단호히 그리고 의연히 십자가의 길을 따랐다.

그는 죽음이 기다리고 있는 예루살렘으로 곧장 나아갔으며, 그 걸음은 기쁨과 감사와 사랑의 걸음이었다.

『외로운 길』 중에서

July **7/1**

> 믿음의 주요 또 온전하게 하시는 이인 예수를 바라보자 그는 그 앞에 있는 기쁨을 위하여 십자가를 참으사 부끄러움을 개의치 아니하시더니 하나님 보좌 우편에 앉으셨느니라 – 히 12:2
>
> Let us fix our eyes on Jesus, the author and perfecter of our faith, who for the joy set before him endured the cross, scorning its shame, and sat down at the right hand of the throne of God. (Heb 12:2)

* 새들의 불평

이스라엘의 우화 〈새들의 불평〉.

신이 모든 동물의 창조를 끝냈을 때 새들이 불평하기 시작했다. 새들은 "짐승에게는 무거운 짐을 안 주셨는데, 왜 우리 새들에게만 짐을 지워서 이렇게 걷기도 힘들게 하느냐?"고 투덜대며 창조자에 대해 불평하였다. 그러나 잠시 후 용기 있는 독수리가 먼저 어깨에 붙은 그 무거운 것을 움직여 보았다. 그랬더니 온몸이 갑자기 가벼워지고 자기가 공중에 날 수 있게 되는 것이었다. 물론 그 무거운 부착물은 짐이 아니라 오히려 몸을 가볍게 해주는 날개였던 것이다. 신앙은 그런 것이다. 십자가도 그런 것이다. 시몬이 강제로 진 십자가는 그 곁에 예수가 계셨으므로 외로운 것도, 억울한 노역도 아니었다. 그로 하여금 자유와 평안과 천국의 보상을 얻게 하는 영광의 십자가였던 것이다.

개역개정판

약속의 말씀

365일 날마다 예수님과 함께

The Word of Promise

새로운 시작

쉴라 월쉬

　나는 그 때 땅 끝, 영국의 최남단에 있었다. 그 곳에는 집이 한 채 있었는데, 그 집의 현관에는 '이 집이 영국에서 제일 마지막집인 동시에 제일 처음 집입니다.' 라고 씌어져 있었다. 나는 그 문구에 대하여 한참동안 곰곰이 생각해 보았다.

　물론 그 집이 마지막 집이냐 처음 집이냐 하는 것은 보는 이의 시점에 따라 다르다. 우리가 만약 코온월을 등지고 프랑스를 향해 서 있다면 그 집은 분명히 영국의 가장 끝 집이 되겠지만, 바다를 등지고 영국을 향해 서 있다면 그 집은 가장 첫 번째 집이 되는 것이다.

　가끔씩 지칠대로 지쳐서 더 이상 출구가 없을 것 같은 암담한 심정으로 그리스도의 발 앞에 쓰러질 때가 있다. 그러나 다음 순간, 이것이 끝이 아니라, 또 다른 시작임을 발견하곤 한다.

　나의 생각이나 자심감이나 능력을 기준으로 판단한다면 그 순간은 끝일 수도 있다. 그러나 사실 나는 그 때 하나님의 말씀에 귀 기울이고, 그의 인도를 받으며, 그분의 품에서 안식하는 일들을 새롭게 시작하는 것이다.

『그대의 영혼을 위한 선물』 중에서